Karl Wilhelm Kortüm

Ein Lebensbild.

Den Freunden und Verehrern.

Berlin,
Druck und Verlag von Georg Reimer.
1860.

Als im Juni des vergangenen Jahres von Berlin aus die Kunde erscholl, daß der Wirkliche Geheime Ober-Regierungsrath Dr. Kortüm gestorben sei, so erregte sie bald in nähern und fernern Kreisen des Vaterlandes die schmerzlichste Bewegung. Sein Name gehörte zu denjenigen, deren man sich vorzugsweise mit Antheil und Freude erinnerte, wenn von der wichtigsten Angelegenheit im Staatsleben, von Erziehung und Bildung der Jugend, die Rede war. In den bedeutendsten Verhältnissen, im Verein mit den vorzüglichsten Männern seiner Zeit hat er gelebt und gewirkt, und das Andenken an seine Thätigkeit wird nicht wieder erlöschen. Vor allen aber kann die Klarheit seines Geistes, die Güte des Herzens, der Adel der Gesinnung, die schöne Harmonie classischer Bildung mit christlicher Frömmigkeit, welche in allen seinen Thaten und Worten unausgesetzt sich zu erkennen gab, niemals aus dem Gedächtniß derjenigen schwinden, denen das Glück zu Theil wurde, im Leben ihm zu begegnen. Aus solchen Erinnerungen sind vorliegende Blätter entstanden. Sie sollen streben, das Bild dieses edlen Geistes in der Weise für immer aufzufassen, welche allein seiner würdig ist, — in Dankbarkeit und Liebe.

I.

Jugend. Studien.

1787—1810.

In dem stillen Pfarrhause zu Kuhblank im Herzogthum Mecklenburg=Strelitz wurde am 9. Mai 1787 Karl Wilhelm Christian Kortüm geboren. Er war der zweite Sohn des Pastors Rudolf Ehrenreich Johann Friedrich Kortüm und der Eleonore Masch, ältesten Tochter des Mecklenburg=Strelitzischen Landes=Superintendenten Andreas Gottlieb Masch. Sein älterer Bruder Gottlieb Kortüm lebt noch jetzt als Pastor zu Prillwitz in Mecklenburg=Strelitz. Der Vater war ein würdiger Geistlicher von größter Gewissenhaftigkeit in seinem Thun, die Mutter hing mit liebevoller Zärtlichkeit au den Kindern, besonders an dem jüngern Sohne, dessen zarte Gesundheit ihre aufmerksamste Pflege in Anspruch nahm, und dieser erwiederte ihre Sorge mit der innigsten Anhänglichkeit.

Den ersten Unterricht in Sprachen und Wissenschaften ertheilte der Vater Kortüm selbst den Söhnen. Später nahm er für sie einen Hofmeister an. Das tragische Ende eines dieser Lehrer machte auf das junge Gemüth unsers Kortüm einen unauslöschlichen Eindruck. Einst spielte derselbe in einer Freistunde mit seinen Zöglingen auf dem Hofe. Rückwärts hüpfend kam er auf eine offene Brunnenmündung zu sitzen, schlug hinten über in die Tiefe, und ward als Leiche hervorgezogen. Unter dem Gewichte dieses furchtbaren Ereignisses drängte den Aeltern sich die Unzulänglichkeit des häuslichen Unterrichtes in so überzeugender Weise auf, daß sie beschlossen, den Knaben auf die lateinische Schule, jetzt Gymnasium, zu Friedland zu schicken, obgleich er erst zehn Jahre alt war. Die Trennung von den hochgeliebten Aeltern ward dem Kinde sehr schwer. Bald litt er in der Stadt an Heimweh, und als die Aeltern ihn dort besuchten, lief er beim Abschiede ihrem Wagen weinend eine Strecke nach, bis die Verhöhnung einiger Vorübergehenden ihn zur Besinnung brachte und zurückführte. Es war Ostern 1797, als Kortüm die Schule zu Friedland bezog, deren untere und mittlere Classen er rasch durchmachte, so daß er zu Ostern 1801 vierzehn Jahre alt die Prima erreichte, in welcher er bis Ostern 1804 blieb. Ueber sein Verhalten während dieser Zeit besitzen wir das Zeugniß eines Schulfreundes aus den Jahren 1802 bis 1804, welcher bis zum Lebensende in Achtung und Liebe ihm verbunden blieb. „Er war unbestritten die Zierde der ganzen Schule. In ihm zeigte sich die Gestalt eines feinen Jünglings in Geist und Sitte, welcher im genauen und gründlichen Erfassen aller Fächer, welche die Schule darbot, eben so glücklich war, als im Darstellen des Anständigen und Geziemenden, das seiner Natur einwohnend in dem stete Nahrung fand, was ihm das classische Alterthum vorhielt. Schon in dem engen Kreise des Schullebens, in dem er sich bewegte, das Gewöhnliche und Alltägliche von sich weisend, das Gemeine hassend, und, wo er konnte, strafend, dagegen alles Edle feurig ergreifend und festhaltend, ihm Raum schaffend, wo es verkümmert werden sollte, ließ er diejenigen Schüler ihre Wege ziehen, die nur lernten, um einst ihr Brot zu haben, und schloß sich gern an solche, bei welchen er Geist und Fähigkeit erkannte, die Dinge aus höherem Gesichtspunkte anzusehen. Die Wahrheit ging ihm über alles; sie zu vertreten, fühlte er sich stets berufen, und scheute dabei nicht die schärfste Waffe des sie vertheidigenden Wortes. Wahrheit und Liebe wachsen auf einem Stamme. So war auch bei Kortüm mit der Wahrheit die Liebe verbunden. Konnte er das Schlechte scharf angreifen und geißeln, so liebte er auch, das Bessere hervorzuheben. Sah er bescheidenes Zurücktreten, so ermunterte, lobte und förderte er in unermüdlicher Güte und Freundlichkeit. Der Liebe Krone ist ihr Ausharren, die Treue. Kortüm's Herz dem Herzen eines Andern zugewandt, blieb diesem erhalten, und man durfte schon hoffen, für alle Zeiten. So wies der Schüler Kortüm schon hin auf einen künftigen Character, der immer nur in der Sache der Person dienen, und nie der Person die Sache opfern, der aber auch, das Herz stets an der rechten Stelle, der Person in Liebe und Güte gerecht werden würde. Es konnte nicht fehlen, daß ein solcher Schüler die stolze Freude seiner Lehrer, das leuchtende Vorbild seiner Mitschüler war.« Dabei erschien Kortüm bei seiner Jugend unter den großen Schülern der obern Classen immer als der kleinste. Unter den Lehrern hing er mit besonderer Liebe und Dankbarkeit an dem Hofrath Dr. Krüger, später Professor am Seminar zu Bunzlau, welcher unter andern die Liebe zur Botanik in ihm weckte. Mit jugendlicher Freude erfüllte ihn noch oft in späteren Jahren der Anblick einer Blume, welche er damals auf den Ausflügen mit Krüger gefunden hatte. Die Umgegend Friedlands, die ganze Stimmung jener Zeiten trat dann auf's lebhafteste vor seine Seele. Er wohnte damals bei einer Wittwe mit einer ältlichen Tochter, deren feines, gebildetes Wesen, wie er öfter sagte, einen großen Einfluß auf seine Empfänglichkeit für diese Eigenschaften übte.

Mit dem siebzehnten Jahre verließ Kortüm zu Ostern 1804 die Schule, um, nach des Vaters Wunsche, in Halle Theologie zu studiren. Auch neigte sein eignes Gemüth, schon durch die Zucht und Vermahnung zum Herrn im Aelternhause, sich der christlichen Wahrheit eifrig zu, doch entschied er sich für das theologische Studium besonders aus dem Grunde, weil er hoffte, die Philologie, das Studium des Alterthums und der Humanität im weitesten und schönsten Sinne des Wortes mit ihm zu verbinden, was ihm denn auch in ausgezeichneter Weise gelang. Er hat in der Folge sowohl in der Umgegend von Halle, als in Mecklenburg mehrere Male gepredigt, aber seine Hauptthätigkeit gehörte der Philologie.

Es war eben, kurz vor Preußens verhängnißvoller Niederlage durch den Unterdrücker Deutschlands, die glänzendste Epoche der Universität Halle, da der junge Kortüm sie bezog. Sie zählte weit über tausend Studirende, und berühmte Namen in allen Facultäten.

War, neben Georg Christian Knapp u. A., August Hermann Niemeyer als Theologe und Pädagog eine Zierde der seinigen, so durfte die medicinische sich des edlen Johann Christian Reil als geistreichen Lehrers und vielgesuchten Arztes rühmen. Aber größer noch war der Ruf und Name Friedrich August Wolf's, des Philologen, der seit zwanzig Jahren durch Lehre und Schriften von unvergleichlichem Gewicht der Wissenschaft des Alterthums einen bis dahin nicht gekannten Rang geschaffen hatte. Von ihm ward 1795 durch die berühmten Prolegomena zum Homer (als Einleitung einer neuen Ausgabe des Dichters) die Frage über die Einheit und über die Verfasser der Ilias und Odyssee mit einem Scharfsinn, einer Gelehrsamkeit zur Sprache gebracht, welche in der gelehrten Welt die größte Bewegung erregte, so daß bald zwei große Lager der Freunde und Gegner sich bildeten. Zu den erstern gehörte der damals in Schillers Nähe zu Jena lebende Wilhelm von Humboldt, und durch seine Vermittelung auch Goethe, mit welchem Wolf seitdem in nähere Verbindung trat, so daß der Dichter und der Philologe einander mehrfach besuchten, um gründlicher ihre Ideen auszutauschen. „Mit Wolf einen Tag zubringen," sprach damals Goethe, „trägt ein ganzes Jahr gründlicher Belehrung ein." So bestand denn zwischen dem dichterischen Ruhme Weimars, wo jetzt Goethe und Schiller innig befreundet lebten, von wo seit 1799 Jahr auf Jahr die gepriesensten Meisterwerke die Welt in immer neues Staunen versetzten, und dem wissenschaftlichen Leben zu Halle ein enges Bündniß, das auch für die studirende Jugend nicht ohne Folgen blieb. Gerade im Jahre 1804 erschien Schillers Tell, dessen erste Aufführung zu Weimar am 17. März einen bis dahin unerhörten Beifallssturm erregte, der sich bald in Berlin und aller Orten wiederholte. Kortüms junge Seele ward von diesem vaterländischen Werke auf's tiefste ergriffen. Es war ein Eindruck für's Leben, der nachtönen und Früchte bringen sollte. Dazu trat nun F. A. Wolf's gewaltige Einwirkung. Von ihm ist gesagt worden, daß er wie ein König damals unter den Gelehrten erschienen sei, umgeben von solchem geistigen Ansehn, von solcher Macht und Größe der Gegenwart. „Seine hohe, behagliche Gestalt, bemerkt Varnhagen*), seine großartige Ruhe und Alles wie durch Gebot leicht beherrschende Thätigkeit, gaben ihm den Glanz einer Würde, den er nicht einmal zu bedürfen schien; denn er stellte sich bereitwillig den Andern gleich, und liebte, nach Art eines Friedrich, auch ohne den Prunk seiner Macht, blos als Mensch, in freiem Witz, in Laune und Scherz noch immer herrscherlich zu wirken.“ So schritt der Gewaltige durch die weiten Bereiche seiner Wissenschaft, überall Licht verbreitend, und, wie der Dichter von jenem alten Beherrscher der Geister rühmt: „ihm gehorchten die Schatten.“ Doch nicht bloß die Schatten ferner Jahrhunderte. In seinen Hörsälen drängte sich die Blüthe der deutschen Jugend, die an seinem Worte hing, in einer Zahl und Beflissenheit, wie es seitdem nicht wieder gesehen wurde. Daß Wolf höchst vortheilhafte Berufungen an die hochberühmte Leidener Universität, veranlaßt durch den großen Philologen David Ruhnken, und nach Kopenhagen abgelehnt hatte, um Halle treu zu bleiben, wußte jeder. Aus dem von ihm gegründeten und mit sichrer Hand geleiteten philologischen Seminar ist ein großer Theil der Männer hervorgegangen, welche seinen Ruhm und die von ihm zuerst zu Ansehen und Geltung gebrachte „Wissenschaft des Alterthums“ weithin durch die Schulen und Universitäten in und außerhalb Deutschlands verbreiteten. Zu diesen gehörte nun auch Kortüm. Auf das lebhafteste bewegt und angefeuert durch Wolf's Lehre und Vorbild, gab er sich vorzüglich dem Studium Homers hin, von welchem Wolf's neue kritisch berichtigte Ausgabe, mit den schönen Umrissen des gelehrten Engländers John Flaxman, eben damals erschien. So waren es denn zuerst Wolf's Vorlesungen über die Ilias, dann über Platon, und vorzüglich über philologische Encyclopädie, welche Kortüm in das Leben des Alterthums einführten und seine wissenschaftliche Richtung für immer bestimmten. In lebendiger Unmittelbarkeit, ohne gelehrten Staub und Wust, trat die alte Welt ihm entgegen und

*) Denkwürdigkeiten, I. 362.

labte sein Herz mit dem Vollgenuß des Naturwahren, ewig Schönen. Nun aber erschienen im Herbst 1804 in Halle zwei neue Professoren, deren Einfluß bald sehr bedeutend ward, der Naturphilosoph Heinrich Steffens, welcher Schellings Ideen selbständig fortbildete, und der berühmte Kritiker und Dialektiker Friedrich Schleiermacher, dem als Uebersetzer Platons und besonders als Prediger ein glänzender Ruf voranging. Beide übten bald ungemeinen Einfluß auf die empfängliche Jugend, Steffens durch großartige Auffassung des Naturlebens und gemüthlich warme Darstellung, Schleiermacher durch die Alles durchdringende Schärfe seiner Beweisführung und den nie unterbrochenen Faden geistreichsten Vortrages. Wolf's bedeutendste Schüler, unter ihnen Kortüm, schlossen sich bald an diese Männer an, ohne in der Verehrung jenes nachzulassen. Zwischen Steffens und Schleiermacher entstand überdies bald Freundschaft, welche die Naturphilosophie jenes mit Platon und den Griechen in näheres Verhältniß brachte, und um beide Männer bildete sich ein Kreis edel strebender Jünglinge, welche von echt wissenschaftlicher Begeisterung glühten. Nicht wenige derselben sind später zu hoher Auszeichnung sowohl in der Wissenschaft, als im Leben gelangt. Steffens selbst nennt im Jahre 1842 unter denselben in seinen Lebens-Erinnerungen als lebend (V. 153): „im Ministerium des Unterrichts die Geheimen Räthe Schulze und Kortüm, im Ober-Tribunal Herr von Winterfeld; der Geheime Ober-Justizrath von Voß, der Geheime Rath von Varnhagen, früher Preußischer Gesandter in Baden. Bei der Universität in der theologischen Facultät die Herren Neander und Strauß, in der philosophischen Bekker und Böckh. Es war, (sagt Steffens) in der That eine schöne, lebendige Zeit und die wissenschaftliche Beschäftigung warf einen heiteren Glanz auch auf die geselligen Verhältnisse. Bald waren wir, allein, oder mit den Zuhörern, in Halle, bald in Giebichenstein versammelt.“ An dem letztgenannten Orte wohnte in seinem schönen Garten Steffen's Schwiegervater Johann Friedrich Reichardt, der als Musiker und Schriftsteller sich einen Namen gemacht hatte. Der Zusammenkünfte in diesem Kreise gedachte Kortüm stets mit Freude. Varnhagen, der 1806 zu Halle studirte, und Steffens führen aus demselben mehrere Namen an, die guten Klang haben. So der geistvolle Karl von Raumer, Professor in Erlangen, und der eben so früh geistig entwickelte, als stürmisch heftige Alexander von der Marwitz, der nach mancherlei Schicksalen 1814 in Frankreich bei Montmirail im Kampfe gegen Napoleon fiel, der Prediger Ludwig Gottfried Blanc, als Kenner italienischer Sprache und Litteratur ausgezeichnet, ferner August Neander, dessen seltsam schüchterne Erscheinung kaum ahnen ließ, welchen Ruf als Lehrer der Theologie er einst erlangen werde, und die jungen Theologen Franz Theremin, Friedrich Strauß und Heinrich Budde. Von Neander sprach Kortüm ungefähr so, wie ihn Steffens in seinen Erinnerungen geschildert hat (VIII. 339): „Die Studirenden beurtheilen sich unter einander gewöhnlich sehr richtig; mit einer Art von achtungsvoller Scheu betrachteten sie den stillen, in sich versunkenen, äußerlich ungeschickten jungen Mann; sie wußten, was er war, und was man von ihm zu erwarten hatte." Außer diesen verkehrte Kortüm in Halle viel mit seinen gleichnamigen Vettern Theodor, der als Geheimer Rath und Leibarzt des Großherzogs von Mecklenburg-Strelitz drei Jahre vor unserm Kortüm starb, von ihm schmerzlich betrauert, und mit Johann Friedrich, welcher, durch gediegene historische Werke berühmt, im Jahr 1858 als Professor der Geschichte zu Heidelberg gestorben ist. Auch sah er häufig den jungen Schlosser, Sohn von Goethe's Schwager Johann Georg Schlosser aus zweiter Ehe, der Arzneikunde studirte, und den Juristen von Hymmen. Während dieser Zeit, im Jahre 1806 da F. A. Wolf über Griechische Litteraturgeschichte und über Horatius las, verband Kortüm mit seinen altclassischen Studien jenes der neuern Sprachen, namentlich der Französischen und Englischen, deren Dichter bald ihn mächtig anzogen.

Nach der Schlacht bei Jena wurde Halle von den Franzosen unter Bernadotte besetzt, und die Universität wegen ihrer Napoleon feindlichen Gesinnung aufgehoben. Kurz vor diesem Schlage begab sich Kortüm nach Göttingen, um seine Studien fortzusetzen.

Hier beschäftigten ihn die neuern Sprachen und ihre Dichter, ganz vorzüglich aber Shakespeare, den er in der Absicht studirte, die von A. W. Schlegel so meisterhaft begonnene, seit Jahren aufgegebene Uebersetzung weiter zu führen. Die Ungunst der Zeiten jedoch hemmte diesen Plan. Von den Hallischen Freunden fand Kortüm in Göttingen mehrere wieder. Unter diesen war der Schweriner Burkhard Heinrich Freudenfeld, ein Angehöriger der Familie von Maltzahn zu Ivenack, durch seine poetischen Neigungen und Gaben von bedeutendem Einfluß. Er zog die Genossen in seine schönwissenschaftlichen Studien, und so wurden Shakespeare, Carlo Gozzi, Dante, Calderon, Cervantes gemeinsam gelesen und ins Deutsche übertragen, und für die heitern Ausflüge nach dem Hanstein, Hardenberg, nach Cassel u. s. w. denselben oft Scherze und Namen entlehnt. Bei dergleichen Anlässen fehlte es dann auch nicht an Dichtungen und musicalischen Versuchen, wie uns ein noch lebender Theilnehmer erzählt, der Geheime Kammerrath Kestner in Hannover, Sohn jener als „Werther's Lotte" bekannten Jugendfreundinn Goethe's, und Bruder des 1853 als Hannoverscher Legationsrath und Minister-Resident zu Rom verstorbenen edlen Kunstfreundes August Kestner, dem wir die Herausgabe des Goetheschen Briefwechsels mit seinen Aeltern verdanken. In Cassel sahen die Freunde die Gemälde-Gallerie noch unverletzt, und ergötzten sich an den fünf Claude Lorrains, an Leonardo's Carità und Paul Potters Bildern, welche bald darauf nach Frankreich und von da nach Rußland gewandert sind. Schon damals war Kortüm ein hoch begeisterter Verehrer der bildenden Kunst. In Cassel war es auch, wo die Freunde einst an der Abendtafel mit dem bekannten Kapellmeister Himmel aus Berlin zusammentrafen, dessen schönes Phantasiren auf dem Pianoforte sie dann die halbe Nacht hindurch wach erhielt. Auch das Nibelungenlied ward gelesen. Freudenfeld hatte durch einen befreundeten Buchhändler eine Bearbeitung des alten Gedichtes von Ludwig Tieck in der Handschrift erhalten, welche Kortüm und Kestner für ihn abzuschreiben unternahmen, ohne jedoch damit fertig zu werden. Mit dem Jahre 1807 ging dies Zusammenleben zu Ende. Als Kortüm zu Ostern Göttingen verließ, blieb Freudenfeld noch dort, aber bis zum Jahre 1820 wurde ein eifriger meist litterarischer Briefwechsel unterhalten. Welchen eigenthümlichen Verlauf sein Leben in der Folge nehmen sollte, da er 1813 als Freiwilliger in den Krieg zog, 1819 Professor zu Bonn und katholisch, endlich 1822 zu Freiburg in der Schweiz Mitglied des Jesuiter-Ordens wurde, ahndete Niemand. Für Kortüm aber und dessen rastloses Streben nach Erweiterung seines geistigen Gesichtskreises, das in Halle für immer begonnen hatte, war auch dieses Verhältniß nicht ohne Frucht und Ertrag geblieben. In Briefen an den ersten Jugendfreund ergoß er sich manchmal über dasjenige, was er bis jetzt erreicht hatte, und was noch mahnend in der Ferne stand.

Von Göttingen kehrte Kortüm in seine mecklenburgsche Heimath zurück. Er war noch nicht 20 Jahre alt schon im Besitze gediegenen Wissens und vielfacher Lebens-Anschauungen; nur über seinen zukünftigen Beruf wollte er sich noch nicht entscheiden. Zu Hause in ländlicher Zurückgezogenheit nahm er seine sprachlichen und philosophischen Studien wieder auf. Meist lebte er bei seinem Großvater mütterlicher Seite, dem Superintendenten und Hofprediger Masch in Neustrelitz, indem er manchmal den ehrwürdigen Alten in seinem Amt unterstützte. Doch Kortüm sah immer deutlicher ein, daß Mecklenburg ein zu enger Schauplatz sei für seinen strebenden Geist. Sobald der Großvater gestorben war, verließ er daher seine Heimath, und kehrte nie dauernd dahin zurück. In der Ferne lag Alles, was zu höherer Bildung ihm Bedürfniß war.

So wendete er denn im April 1808 zunächst sich nach Leipzig, um die morgenländischen Sprachen, die für ihn lange geruht hatten, namentlich auch Arabisch, bei Rosenmüller wieder aufzunehmen. Er blieb hier aber nur kurze Zeit, da die Kunstschätze Dresden's ihn allzumächtig anzogen. Denn das Schöne in der Erscheinung, die Form von der Idee durchdrungen, das war das Ziel, zu dem seine ganze Seele strebte. Und in der That werden die hohen Werke des Alterthums, seine Dichter und Weisen, erst dann zugänglich und verständlich, wenn die Sonne der Kunst sie bescheint. In Dresden nun, in der Bildergallerie mit ihren Rafael, Correggio und Tizian, in dem Museum der Antiken, in der Sammlung der Mengs'schen Abgüsse fand Kortüm die volle Wirklichkeit dessen, was in der Idee allein seit Jahren schon sein Glück ausmachte, was für immer auf seinem Lebenswege stärkend und begeisternd ihm zur Seite stehen sollte. Auf der Bibliothek trieb er gelehrte Studien, bei der Kunst suchte er Labung. Hier machte er denn auch die Bekanntschaft des bekannten Archäologen Karl August Böttiger, welcher früher Director des Weimarschen Gymnasiums, seit 1804 als Studiendirector der Pagen und in der Folge Ober-Aufseher der Antiken zu Dresden lebte. Sein Umgang sollte nicht ohne Folgen für Kortüm's Lebensgeschick bleiben. In Böttiger's Hause nämlich traf er eines Tages mit dem von Halle her ihm schon bekannten Professor August Herrmann Niemeyer zusammen, damals Kanzler und Rector der auf seine Verwendung durch den König von Westphalen hergestellten Universität Halle. Bald erfuhr Kortüm, daß Niemeyer als Pfleger der Franke'schen Stiftungen für das seit 1785 unter seiner Aufsicht stehende Pädagogium einen Lehrer suchte. Er nahm Niemeyer's Anerbieten an, und begab sich bald hernach im Frühling 1809 nach Halle. Mit Lust und Liebe trat er sein Amt an. Was er mit Geist und Kraft strebend errungen hatte, sollte nun Jüngern zu Gute kommen. Vorzüglich die Griechischen Dichter, an denen seine Seele hing, den Schülern der obersten Classe aufzuschließen, erfüllte ihn mit Begeisterung. In Briefen an den Jugendfreund sprach er seine Glückseligkeit aus. Es war ein Anfang der Wirksamkeit, welcher große Erfolge weissagte. Mit dem Kanzler Niemeyer und seiner liebenswürdigen Familie stand er in anregendem Verkehr, und der Umgang wackerer jungen Männer, so wie fortgesetzte philologische und geschichtliche Studien erhielten seine Seele frisch. Doch sollte Kortüm auf dieser ihm zusagenden Stelle nicht lange sein. Der Wunsch, weitere Lebenskreise kennen zu lernen, führte ihn hinaus. Ein freundlicher Stern leuchtete ihm, daß er den Weg nach Pempelfort in das Haus Friedrich Heinrich Jacobi's, und aus diesem Hause in das Gymnasium zu Düsseldorf fand. Es geschah dadurch, daß der Kanzler Niemeyer ihn dem zweiten Sohne des Philosophen, dem Großherzoglich Bergischen Staatsrathe Georg Arnold Jacobi, damals Besitzer des Landhauses zu Pempelfort, zum Hofmeister seiner Kinder empfahl. Im Herbst 1810 folgte Kortüm diesem Rufe, der für ihn von entscheidender Wichtigkeit sein sollte.

II.

Düsseldorf.

1810—1830.

Auf Kortüm's Entschluß hatte der Ruhm der Namen Jacobi und Pempelfort, der seit der ersten Glanzperiode Goethe's um 1770 unsre Litteratur durchtönt, und selbst in unsern erwerblustigen Tagen noch sich behauptet hat, den mächtigsten Einfluß geübt. Dazu kam, daß in Düsseldorf damals noch die Geheimräthinn Schlosser lebte, in Goethe's Leben als „Demoiselle Fahlmer" (in Briefen auch „Jacobi's heitere Tante") erwähnt, welche nach dem frühen Tode von Goethe's Schwester Cornelie (8. Juni 1777) die zweite Frau von Johann Georg Schlosser wurde, der 1799 zu Frankfurt am Main gestorben war. Den einzigen Sohn dieser Frau hatte Kortüm auf der Universität gekannt. Sie war mit F. H. Jacobi durch seine Mutter verwandt, und die genaue Freundin seiner liebenswürdigen Gattin Elisabeth (Betty) von Clermont, welche zuerst Goethe's Bekanntschaft mit F. H. Jacobi vermittelte. Briefe von Goethe an Johanna Fahlmer stehen in dem 1846 erschienenen Briefwechsel zwischen Goethe und Jacobi, und aus Goethe's Brief an Frau von Stein vom 28. September 1779 erhellt, wie innig, wie treu der Dichter der Freundin auch nach ihrer Verheirathung mit seinem Schwager zugethan blieb. Ihr talentvoller Sohn widmete sich der Medicin, ward aber bald nach Beginn seiner praktischen Laufbahn, wie so mancher angehende Arzt, das Opfer eines nervösen Fiebers. Die Beziehungen Kortüms zu dem so schmerzlich betrauerten Sohne eröffneten ihm den Weg zu einem innigen Verhältniß mit der bedeutenden Mutter. Davon zeugt ein noch vorhandener Brief, der mit den Worten beginnt: „Sohn meines Herzens, Freund meines Einzigen.“ Diese geistreiche, sehr originelle Frau war der Mittelpunkt des Jacobischen Kreises, mit welchem sich manche einheimische und fremde interessante Menschen Abends um ihren Theetisch versammelten, wo Kortüm oft den Vorleser machte. Auch in den Pempelforter Kreisen, wie sie damals um den Staatsrath Jacobi und seine hoch gebildete Gattin Luise Brinkmann sich versammelten, fehlte es keinesweges an bemerkenswerthen Erscheinungen, welche an die frühern Zeiten erinnerten, als dies Haus noch der Sammelplatz der größten Geister Deutschlands war. Freilich hatte es Friedrich Heinrich Jacobi schon 1794 verlassen, um nie mehr wiederzukehren, und lebte jetzt als Präsident der Akademie der Wissenschaften zu München. Doch hielten seine Kinder an den geistigen Ueberlieferungen jener Tage fest, und so war sorgfältige Erziehung einer zahlreichen Familie die unausgesetzte Bemühung des Hauses zu Pempelfort. Daß Kortüm diese Sorgen mit Redlichkeit theilte, begreift sich eben so leicht, als daß er in dem engen Verhältniß eines Hofmeisters auf die Dauer nicht sein Genügen fand. Der Minister, Graf von Nesselrode, welchem Kortüm bekannt geworden war, stellte denselben bei der Schuldeputation an, die von dem Ministerium des Innern ressortirte, und damals unter dem nachherigen Präsidenten Hardung stand. So trat denn Kortüm 1811, etwa drei Vierteljahre nach seiner Ankunft, aus der Hofmeisterstelle zu Pempelfort in das Ministerium des Grafen Nesselrode, um an der Verbesserung der im Laufe der Zeiten sehr verkümmerten Unterrichts-Anstalten zu arbeiten. Dies Bedürfniß wurde immer dringender gefühlt. Als Napoleon im November 1811 Düsseldorf besuchte, welches, als Hauptstadt des seiner Verwaltung unterworfenen Großherzogthums Berg, sich von ihm namhafter Begünstigungen zu erfreuen hatte, beschloß er auch die Errichtung einer Universität daselbst, die in dem wieder herzustellenden alten Schlosse ihren Sitz haben sollte. Das kaiserliche Dekret (Au Palais des Thuileries le 17 Décembre

1811) welches jedoch nie durch den Druck bekannt gemacht wurde, ist noch vorhanden. Es beginnt:

„Napoléon, Empereur des Français, Roi d'Italie, Protecteur de la Confédération du Rhin, Médiateur de la Confédération Suisse. Voulant organiser l'Instruction publique dans Notre Grand Duché de Berg;

Sur le Rapport de Notre Ministre et Sécrétaire d'État du Grand Duché;

Nous avons décrété et décrétons ce qui suit:

Article I.

Il sera établi à Dusseldorf pour le Grand Duché une Université composée de cinq facultés, savoir: de théologie, de droit, de médecine, des sciences mathématiques et physiques, des lettres, qui entrera en activité au premier Mars 1812." U. s. w.

Daß über den Vorbereitungen zu dem großen Feldzuge nach Rußland, der Napoleons Sturz herbeiführte, dieser Beschluß nicht zur Ausführung kam, fällt in die Augen. Wäre es aber auch geschehen, so würde von einer nur mit 114,000 Francs dotirten, (nämlich 8000 Fr. von der Universität zu Duisburg, 17000 Fr. von der Akademie zu Herborn, 14000 Fr. vom Gymnasium zu Hadamar, 45000 Fr. vom bergischen Schulfonds, 30000 Fr. aus dem Staatsschatze) und ganz nach französischem Zuschnitt eingerichteten Hochschule für das Aufblühen der Wissenschaft schwerlich Großes ausgegangen sein. So sollte die theologische Facultät bloß zwei Professoren haben, einen katholischen und einen protestantischen, die vier andern Facultäten je drei, und den Professoren der schönen Wissenschaften, d. h. den Philologen, Historikern u. s. w. (denn Philosophie befindet sich gar nicht auf dem Lehrplan) außerdem ein Theil des Schul-Unterrichtes am Lyceum übertragen werden. Das Decret verbreitet sich dann noch über die Einrichtung des Lyceums zu Düsseldorf und der Mittelschulen für Lateinisch, Deutsch, Französisch und Mathematik in den übrigen Städten des Großherzogthums. Dieser Plan, oder vielmehr dies nicht veröffentlichte kaiserliche Decret wurde am 25. Februar 1812 auf Befehl des Ministers an Kortüm mitgetheilt „zur Einsicht und Berücksichtigung bei den Schularbeiten auf Befehl Sr. Excellenz“, wie es in dem Begleitschreiben heißt. Ohne Zweifel wies Kortüm auf die Nothwendigkeit hin, ehe an die Gründung einer Hochschule gegangen werde, erst den bestehenden Anstalten möglichst aufzuhelfen. Auch war hierzu bei der Regierung der beste Wille vorhanden. Aber es gebrach überall an den Mitteln, und besonders an tüchtigen Lehrern, an deren Ausbildung seit vielen Jahren unter den beständigen Kriegen und Erschütterungen der Welt in diesen Gegenden kaum gedacht worden war. In Düsseldorf fehlte es freilich keinesweges an Bildung und Wissenschaft, wie es von dem Sitze hoher Behörden, der von Kurfürst Karl Theodor 1767 gestifteten Kunst-Akademie, mit welcher gleichzeitig eine Rechts-Facultät gegründet wurde, und von der Heimath so ausgezeichneter Männer, wie Friedrich Heinrich und Johann Georg Jacobi, nicht anders zu erwarten war. Sinn und Gefühl für die Kunst ist dem Volksstamm dort eigen und nährte sich immerfort an der Betrachtung der weltberühmten Gemälde-Gallerie, welche Kurfürst Johann Wilhelm zu Anfang des achtzehnten Jahrhunderts gründete. Leider ward dieselbe 1805 nach München entführt. Nur das Schulwesen lag traurig darnieder. Und nicht etwa bloß im Bergischen Lande zeigte sich diese Erscheinung, sondern in dem ganzen nordwestlichen Deutschland, soweit es unter französischem Einfluß stand. Die Lichtpunkte früherer Zeit, die uralten Universitäten zu Mainz, Trier und Cöln (von 1388), zugleich auch die von dem letzten Kurfürsten Max Franz, Bruder Kaiser Joseph's II., in Bonn zur Verbreitung neuerer Grundsätze und Kenntnisse errichtete, waren seit 1794 dem Andrange der revolutionären Franzosen erlegen. Auf der rechten Rheinseite bestand die zu Duisburg (1657) durch den großen Kurfürsten Friedrich Wilhelm von Brandenburg gegründete Universität, einst durch Theologen, wie Berg und Withof, und Aerzte, wie Günther und Leidenfrost, ausgezeichnet, nur noch dem Namen nach. Auch die zu Münster durch den vortrefflichen Minister Franz von Fürstenberg 1780 in's Leben gerufene Universität hatte von ihrem frühern Glanze sehr verloren. So war denn nach dem Eingehen der Rechtsfacultät zu Düsseldorf, für die den Beamten und Aerzten unentbehrlichen Studien nur in der Ferne, z. B. in Göttingen oder Heidelberg, Rath zu suchen, wo ebenfalls die schlimme Zeit hemmend hervortrat. Erst nach dem deutschen Befreiungskriege wurde mit der Gründung der Bonner Universität durch König Friedrich Wilhelm III. (1818) diesem Uebelstande abgeholfen. Als im Jahre 1799 der alte Kurfürst von Pfalz-Bayern, Herzog von Jülich und Berg, Karl Theodor, der so vieles für das Aufblühen seiner Staaten gethan hatte, nach einer Regierung von sieben und fünfzig Jahren, gestorben war, kam das Herzogthum Berg an den jungen Kurfürsten von Bayern Maximilian Joseph aus dem Hause Zweibrücken, welcher nach dem Presburger Frieden (1805) aus Napoleons Händen den Königstitel empfing, und bereits im März 1806 Berg an Napoleon abtrat, der es erst seinem Schwager Joachim Murat als Großherzogthum übergab, dann aber 1808, da Murat das Königreich Neapel erhielt, für seinen Neffen Ludwig Napoleon (ältern Bruder des in Frankreich seit 1852 regierenden Napoleon III.) in eigne Verwaltung nahm. Französische Minister und Gewalthaber, zuletzt Beugnot und Roederer, standen nunmehr an der Spitze der Regierung. Natürlich wurde von diesem Wechsel der Herrschaft jedes Verhältniß, besonders die Sache des Unterrichts, lebhaft berührt. Als die Bayerische Regierung, unter dem Einfluß des zu Neuerungen geneigten Ministers von Montgelas, an die Verbesserung der Schulen dachte, schrieb ein zu Heidelberg in der Rechtswissenschaft und der Kant'schen Philosophie ausgebildeter Gelehrter, Joseph Schram aus Düsseldorf, Sohn eines höhern Beamten von Verdienst, ein Buch unter dem Titel: „Die Verbesserung der Schulen in moralisch-politischer, pädagogischer und polizeilicher Hinsicht“, Dortmund, 1803, das der neuern Bildung kräftig das Wort redete, und nicht ohne Wirkung blieb. Durch den Präsidenten, Freiherrn von Hompesch, wurde eine Schul-Commission unter dem Staatsrathe Linden zu Düsseldorf eingesetzt, welche bald Hand an's Werk legte, indem sie die Verbesserung der Volksschulen vornahm. Man sorgte für die Ausbildung der Lehrer, Einführung passender Lehrbücher und Beförderung des Schulbesuchs. Tüchtige Männer, wie der Rath Hardung, der Canonicus Vincenz Joseph Bracht, welcher persönlich der Armenschulen sich annahm, traten ein. Schram wurde zum Professor des Natur- und Staatsrechtes an der kurze Zeit nachher eingehenden Rechts-Facultät und 1806 auch zum Vorsteher der aus den Bibliotheken der aufgehobenen Klöster ansehnlich vermehrten Landes-Bibliothek ernannt, was er bis 1818 blieb. Als Bibliothekar an die Bonner Universitäts-Bibliothek versetzt, wirkte er dort mit treuem Eifer bis zu seinem Tode 1847. Den wesentlichsten Dienst jedoch hatte er, im Verein mit Bracht u. A. durch jene frühere Anregung des Bessern zu Düsseldorf geleistet. Er hatte namentlich auch die Verbesserung des höheren Unterrichts als nothwendig nachgewiesen. Das Gymnasium zu Düsseldorf, 1545 durch den ruhmreichen Herzog Wilhelm von Jülich-Cleve-Berg gestiftet, und durch ausgezeichnete Lehrer, wie Johann Monhemius und Franz Fabricius, Zöglinge der gepriesenen Schule zu Münster, bald gehoben, nach des letztern frühem Tode 1573 aber rasch in Verfall gerathen, war nach dem Aussterben des alten Fürstenhauses durch den neuen Landesherrn, den Pfalzgrafen Wolfgang Wilhelm 1620 den Jesuiten übergeben worden. Bis zur Aufhebung des Ordens 1773 leiteten sie dasselbe in der überall sich gleich bleibenden Weise des Ordens. Nach ihrer Aufhebung ließ man ihnen, welche Lehr-Erfahrung und Schulwissen vor allen besaßen, in Düsseldorf, wie anderwärts, den höhern Unterricht. So kam das neue Jahrhundert heran mit völlig veränderten Gesichtspunkten und erhöhten Anforderungen, welchen die jetzt so genannten Congregationisten, die allmählich ausstarben, schon lange nicht mehr entsprachen. Man hatte bei der Aufhebung der Jesuiten ihr Vermögen, insofern es in den Gränzen des Herzogthums lag, für die Studien bestimmt, und die bayerische Regierung vereinigte es 1803 unter besonderer Verwaltung, als „Bergischen Schulfonds“. Mit diesen beträchtlichen Mitteln wurde 1805 an der Stelle des fast nur in

Trümmern noch fortbestehenden alten Gymnasiums ein Lyceum errichtet. „Der Unterricht in dem Lyceum (heißt es in der gedruckten Verordnung vom 20. November 1805) erstreckt sich auf folgende Gegenstände in verschiedenen Classen: griechische und lateinische Sprache, worauf die Lectüre der classischen Schriftsteller beider Nationen folgt, verbunden mit einem zweckmäßigen Vortrage der sogenannten Alterthümer, der Archäologie, Mythologie und alten Geographie; reine Mathematik, Physik und Astronomie; Rhetorik, Logik und Erfahrungsseelenlehre; deutsche und französische Sprache, Stilübung und Declamation; ältere und neuere Geschichte, Geographie, Naturgeschichte, gewöhnliches praktisches Rechnen, Schönschreiben, Zeichnen, Botanik und Vocalmusik. Den Religionsunterricht für die katholischen Schüler gibt der Rector des Lyceums“. Offenbar hatte der Aufsteller dieses Entwurfes, im Gegensatze zu der frühern Einseitigkeit, der ganzen Vielseitigkeit der Neuern gerecht werden wollen, ohne einen Begriff von dem Möglichen und Ersprießlichen. Mit Goethe möchte man hier ausrufen:

„Musterkarte gibt zu lesen,
Wie so bunt der Kram gewesen.“

Die Lehrer waren größtentheils schon bejahrte Geistliche, die nach der ältern Weise gebildet, mit den Fortschritten deutscher Wissenschaft und Pädagogik wenig bekannt, auch keinen Trieb empfanden, nach Besserem sich umzusehen. Namentlich war ihnen die Griechische Sprache und Litteratur fast gänzlich fremd. Um dem Neuern ein Zugeständniß zu machen, berief man auch einige Weltliche, wie den Physiker und Astronomen D. Johann Friedrich Benzenberg, der sich durch seine in Hamburg angestellten Versuche über das Gesetz des Falles und die Umdrehung der Erde (1804) einen Namen gemacht hatte, auch später noch mancherlei Schriften über politische Gegenstände herausgab, und den Professor des Naturrechts Joseph Schram; beiden aber mangelte jede Anlage zum Pädagogen, daher ihre Wirksamkeit verloren ging, und die ohne dies sehr milde geübte Schulzucht bald bedenklich gelockert wurde. Benzenberg nahm denn auch bald seine Entlassung, Schram, zuletzt mit dem deutschen

Unterricht der obern Classen beauftragt, blieb bis 1815 Lehrer. An der Spitze des Lyceums stand als Rector der gewesene Professor der Theologie an der kurfürstlichen Universität zu Bonn Dr. Aegidius Jacob Schallmeyer, der mit Herzensgüte reiche Kenntnisse verband, besonders im Gebiete der Philosophie. Doch auch er war mehr Gelehrter, als Schulmann, und vermochte nicht, die gesunkene Zucht herzustellen, so sehr er persönlich von den Schülern geachtet wurde. In der napoleonischen Zeit fiel das Hauptgewicht des Unterrichtes überdies mehr als auf alles Andre, auf die französische Sprache und Litteratur, welche ein ausgewanderter Geistlicher, Abbé Doulnoy, nach seinen eignen Lehrbüchern vortrug. Wie die fremden Lenker des Staates dachten, zeigt die Frage, welche der Statthalter Napoleons und Finanz-Minister des Großherzogthums Berg, später Minister des Innern in Frankreich unter Ludwig XVIII, Graf Beugnot, einst aufwarf, da bei einem Besuche der Bibliothek zu Düsseldorf sein Auge zufällig das Fach der deutschen Litteratur traf: „Wie? gibt es denn deutsche Dichter“?

Unter diesen Umständen geschah es, daß Kortüm durch den Grafen Nesselrode beauftragt wurde, Vorschläge zur Umgestaltung des Düsseldorfer Lyceums auszuarbeiten. Es war für den kaum fünf und zwanzigjährigen Mann, der auf diesem Boden erst seit Kurzem stand, gewiß eine schwierige Aufgabe; mit Schonung sollten die alten, unbrauchbaren Lehrer entfernt, und neue, frische Kräfte herangezogen werden. Aber wo dieselben hernehmen, namentlich in dem katholischen Lehrstande? Während Kortüm mit diesen Vorarbeiten beschäftigt war, im Winter 1812—13, fand er doch noch Zeit, eine Reihe von Vorlesungen, zwanzig an der Zahl, über die Geschichte der Poesie, vor einem gemischten Publicum zu halten, welche eine um so lebhaftere Theilnahme erregten, als man sich bei den unglücklichen Zeitverhältnissen gern auf ein unverfängliches Gebiet zurückzog, und die Geselligkeit durch die Anwesenheit der vielen französischen employés und Militärs oft höchst peinliche Lagen herbeiführte. Als einst eine Gesellschaft von Freunden in einem Garten zusammensaß, machte sich der kleine, etwa dreijährige Sohn des Hauses mit dem Seitengewehr eines französischen Colonels zu schaffen. Derselbe läßt ihn gewähren. Als es aber dem Kleinen endlich gelungen war, den Degen aus der Scheide zu ziehen, richtet er denselben augenblicklich auf den Offizier mit den Worten: „Franzos caput!“ Dem Colonel traten die Thränen in die Augen. Erschüttert sagte er: „wenn die kleinen Kinder hier von solchen Gefühlen beseelt sind, so weiß ich, was wir von den Großen zu erwarten haben!“ — Einen entgegengesetzten Eindruck empfingen dieselben Freunde, als sie wiederum versammelt waren, und das Geläute der Glocken einen französischen Sieg verkündete. Ein trauriges Schweigen bemächtigte sich des Kreises, welches endlich von einem deutschen Diplomaten mit den Worten unterbrochen wurde: „nun, da muß ich ja wohl hin und dem Minister Beugnot Glück wünschen!“ — Ein Sturm von Schelten brach über ihn los. Die Riesenkämpfe des Jahres 1813 griffen gewaltig ein in die deutschgesinnten Kreise zu Düsseldorf. Die Hoffnung der Befreiung des Vaterlandes wurde der Gegenstand jeder Unterhaltung. Auch die Geheimräthin Schlosser folgte den Ereignissen mit der ganzen Lebhaftigkeit ihres Geistes. Als ein schwachmüthiger Deutscher sich äußerte, er wünsche sieben Jahre zu schlafen, bis sich die Wirren des Vaterlandes gelöset hätten, fuhr die alte Frau heftig auf: „Pfui! schämen Sie sich! Und ich möchte nicht sterben, bis ich den Sieg erlebt hätte!“ — Die verlängerte Anwesenheit der Franzosen lastete um so schwerer auf dem bergischen Lande, als man den größten Theil des übrigen Deutschlands bereits vom Feinde gesäubert wußte. Endlich waren eines Morgens die Franzosen verschwunden. Etwa drei Wochen nach der Völkerschlacht bei Leipzig waren sie in der Stille der Nacht über den Rhein gezogen, von dessen linkem Ufer sie jedoch noch eine Zeitlang fortfuhren, die Stadt durch Beschießen zu beunruhigen.

In Mitten dieser großen Ereignisse hatte Kortüm's amtliche Stellung sich verändert. Im Frühling 1813 erkrankte der Rector des Lyceums Dr. Schallmeyer so bedenklich, daß er auch nach der Genesung Erleichterung seiner Geschäfte wünschen mußte. So wurde am 6. Mai 1813 Kortüm zum „Director des Lyceums“

ernannt, dessen Gedeihen er sich bald eifrigst und mit erfreulichem Erfolge angelegen sein ließ. Schallmeyer blieb als Lehrer der Religion und Philosophie für die oberste Classe, und stand überdies dem noch so jungen Director als ein väterlich gesinnter Freund und stets bereitwilliger Rathgeber zur Seite. Im Winter 1817 erkrankte er abermals und starb am Weihnachtstage, sechzig Jahre alt in Kortüm's Armen. Von seinen Schülern und Freunden wurde er sehr betrauert; denn in ihm war Wissen mit Liebe verbunden. Kortüm hatte unterdessen einen neuen Lehrplan für das Lyceum eingereicht, dessen traurig gesunkene Zucht sogleich nach seinem Eintritt sich wieder hob. In seinem Wesen lag eine solche Festigkeit und zugleich eine solche Freundlichkeit in dem Benehmen gegen die Collegen und Schüler, daß auch dem Trotzigsten der Muth entsank, dagegen aufzukommen, und zugleich entwickelte er eine dergestalt anregende Kraft, daß alle Classen der Schule ein neues Leben zu durchdringen begann. Alsbald sah er sich nach neuen Lehrern um, die freilich nicht leicht zu finden waren, und entfernte mehrere, deren Unbrauchbarkeit offenkundig war. Ein älterer Düsseldorfer Bekannter Kortüm's erzählt, derselbe habe sich einst gegen ihn über diese Verlegenheit geäußert, worauf er ihm gerathen, sich an den Professor Kistemaker in Münster zu wenden, der ihm gewiß einen fähigen Jüngling empfehlen könne. Dies geschah. Am 3. September 1813 machte Kistemaker Kortüm aufmerksam auf den aus Soest gebürtigen Theodor Brüggemann, der demnächst in Düsseldorf eintraf. Am 20. September 1813 wurde Dr. Friedrich Kohlrausch aus Landolfshausen bei Göttingen, damals Vorsteher eines Erziehungsinstituts in Barmen bei Elberfeld, an das Lyceum berufen, wo er als Lehrer der alten Sprachen und vorzüglich der Geschichte sich hervorthat, und durch seine oft aufgelegte „deutsche Geschichte" im ganzen Vaterlande Ruhm erwarb. Beide haben nicht nur zum Aufblühen der Düsseldorfer Schule segensreich gewirkt, sondern sind auch nach dieser Zeit in hohen Staatsämtern zum Gedeihen der echten Wissenschaft und Bildung bis auf diesen Tag in einer Weise thätig gewesen, die sich der allgemeinsten Anerkennung erfreut. Aber die wahre Entwicklung der Düsseldorfer Anstalt erfolgte doch erst nach der Vertreibung der Franzosen, als das Herzogthum Berg für die Verbündeten von dem General-Gouverneur Justus Gruner verwaltet wurde.

Nicht sobald hatte Gruner im November 1813 zu Düsseldorf seine Statthalterschaft angetreten, welche bis zur Besitznahme Preußens im Frühling 1815 fortbestand, als er auch die Abschaffung der verhaßten französischen Auflagen, z. B. Enregistrement, Octroi, Douane, Droits réunis, Tabacks- und Salzregie u. s. w. folgen ließ, und allmählich deutsche Einrichtungen herstellte. Er schloß sich zu diesem Ende an die vorgefundenen Männer von Gesinnung möglichst an. Unter diesen war der Staatsrath Jacobi einer der bedeutendsten, und seiner Vermittelung sind manche der nächstfolgenden Maßregeln zuzuschreiben. Daß hierbei die Ansichten des Staatsraths Jacobi maßgebend waren, sagt uns namentlich Heinrich Steffens, der in seinen Erinnerungen (VII. 343—360) anziehend seinen zweimonatlichen Aufenthalt in Düsseldorf zu Ende des Jahres 1813 schildert. Er faßte hier, wie es scheint in Pempelfort bei Jacobi, den Plan zu seinem Werke: „Die gegenwärtige Zeit und wie sie geworden," in welchem auf Deutschland's Vergangenheit und Zukunft manche Lichtblicke geworfen werden. Steffens verschweigt nicht, daß er die neue Einrichtung des Gymnasiums bei Gruner mit größter Wärme betrieb, indem er sprach: „Sie sind, so lange der Krieg Statt findet, doch in der That der Regent des Großherzogthums; ich betrachte mich als Ihren Günstling." In dem Uebrigen finden sich bei Steffens Irrthümer, so z. B. daß die Ausstattung des Düsseldorfer Gymnasiums hauptsächlich aus Duisburger Fonds geschehen sei, da es vielmehr der „bergische Schulfonds" aus den Jesuiter-Gütern bestehend, war. Von Kortüm und Kohlrausch spricht Steffens stets in anerkennender Weise. „Es ist bekannt," sagt er S. 355, „welchen glänzenden Ruf diese Lehranstalt sich in wenigen Jahren erwarb. Es war den von Gruner schnell genehmigten Vorschlägen von Kortüm und Kohlrausch zu verdanken. Mit Kortüm und Kohlrausch, sagt Steffens S. 358, durchlebte ich die glücklichsten Stunden und werde sie nie vergessen.“ So erließ Gruner am 18. und 30. Januar 1814 bereits eine Verfügung, mittelst welcher das Lyceum zu Düsseldorf aufgehoben, und ein Gymnasium an dessen Stelle gegründet wurde. Zuerst gedachte man demselben den etwas höhern Namen und Character eines Gymnasium illustre beizulegen, gleichsam als Ersatz für die nicht zur Ausführung gekommene napoleonische Universität. Dann aber blieb es bei dem Gymnasium, das mit Einschluß des Directors Kortüm acht ordentliche Lehrer mit dem Titel „Professoren“ haben, und folgende Gegenstände lehren sollte: Philosophie, Mathematik, Geschichte, Griechische und Römische Sprache und Litteratur und Naturwissenschaft. Außerdem sollten Lehrer da sein für das Französische, Englische, Italienische „und andere lebende Sprachen,“ Zeichnen, Singen und Schönschreiben, und ein Geistlicher den katholischen Religionsunterricht besorgen. Kortüm sollte zu den noch vacanten Stellen schleunigst geeignete Lehrer dem „Curator, Staatsrath Jacobi“ in Vorschlag bringen. Die Lehrer Eisermann und Dahmen werden entlassen. Die Ausgabe für das Gymnasium beträgt 7879 Rthlr., wozu die General-Domänen-Direction jährlich 3000 Rthlr. bergisch giebt. In dieser Verfügung, welche als die Grundlegung des in der Folge so freudig sich entwickelnden bessern Zustandes anzusehen ist, wird Kortüm freie Hand eingeräumt, die nöthigen Einrichtungen zu treffen, und wir sehen ihn dem gemäß von dieser Befugniß den verständigsten Gebrauch machen. Schritt vor Schritt gestaltet er das Neue, mit möglichster Schonung des Alten. Gerecht, wie er war, gedachte er einer ursprünglich katholischen Anstalt ihren Character treu zu erhalten, und danach bei den neuen Berufungen sich vorzüglich zu richten. Es lag jedoch für's Erste nicht in der Möglichkeit, bloß katholische Lehrer zu gewinnen, wenn etwas Tüchtiges geleistet werden sollte. Also behielt er von den ältern Lehrern, außer dem Professor Schallmeyer, den Mathematiker Johann Paul Brewer, einen Mann von reichem Geiste, den Professor Schram für das Deutsche, den Abbé Daulnoy für das Französische, den Geistlichen Hagemann, einen durchaus wackern Mann, für das Lateinische in den untern Classen. Diese, so wie Brüggemann, waren Katholiken, Dr. Kohlrausch der erste Protestant (außer Kortüm selbst), den man berief. Ihm folgten im März 1814 Dr. Friedrich Strack, ein durchaus gediegener Mann, als Schriftsteller durch seine Uebersetzung der aristotelischen Naturgeschichte der Thiere (Frankfurt am Main 1816) bekannt, der die achte Lehrerstelle erhielt und im November der Prediger Heinrich Budde aus Dortmund, welcher an der Stelle des bald hernach austretenden Professors Schram den deutschen Unterricht mit jugendlichem Eifer übernahm, und sich dadurch ein namhaftes Verdienst erwarb. So war zu Anfang des Jahres 1815 das Gymnasium zu Düsseldorf im Besitze eines Lehrer-Collegiums, wie es damals, und selbst heutzutage nicht so leicht zum zweitenmale sich wieder finden möchte: junge, strebende Männer, begeistert für die Wissenschaft, getragen von dem Geiste des wiedererwachten deutschen Vaterlandsgefühles, und, was die Hauptsache war, an ihrer Spitze ein Führer, dessen Seele erfüllt war von dem edelsten Geistesleben, der mit feiner harmonischer Bildung, mit reichem Wissen das reinste Wohlwollen verband gegen Alle, die ihm nahten, der jung an Jahren mit der Reife des Alters Lehrer und Schüler in gemeinsamer Achtung und Liebe sich verband. Aus diesen Elementen erwuchs jene erste Blüthe des Gymnasiums zu Düsseldorf, deren Andenken noch jetzt, fast nach einem halben Jahrhundert, frisch ist in den Seelen derjenigen, welche einst ihm angehörten, und so lange Kortüm ihm vorstand, also während der zehn Jahre von 1813 bis 1823, nicht nur sich gleich blieb, sondern auch anspornend und befruchtend nach außen wirkte. Ueber diese schöne Zeit, gewiß der Glanzpunkt in Kortüms Leben, liegt ein Aufsatz vor von der Hand eines um Schule und Wissenschaft hochverdienten, in ganz Deutschland mit Ehrfurcht genannten Mannes, der in jener Zeit Kortüm's Amtsgenosse war, und bis zum Ende in treuester Freundschaft ihm verbunden blieb, den wir so glücklich sind, mit des edlen Verfassers Erlaubniß mittheilen zu dürfen. Ein Paar kleine Wiederholungen aus dem Vorigen wird der Leser freundlich entschuldigen.

„Im Frühjahr 1813 wurde Kortüm von dem großherzoglich bergischen Minister Grafen Nesselrode zum Director des Lyceums in Düsseldorf ernannt und es sollte mit der Berufung neuer Lehrer und der Reorganisation der Anstalt nun wirklich Ernst gemacht werden. Die Aufgabe war gerade damals auch dadurch so sehr erschwert, daß es an gründlich vorgebildeten Lehrern der philologischen und historischen Wissenschaften, Dank dem durch die französische Herrschaft und die Verwirrung der Zeit hervorgebrachten Verfalle der höheren Unterrichtsanstalten in den Rheinlanden, fast gänzlich fehlte. Da kam nun dem neuen Director der Umstand sehr zu statten, daß das Lyceum zu Düsseldorf schon insofern ein gemischtes gewesen war, als der protestantische Professor Benzenberg eine zeitlang eine Lehrerstelle an demselben bekleidet hatte. Auch der Minister Nesselrode hielt diesen Charakter der Anstalt aufrecht und gestattete dem Director Kortüm, auch protestantische Lehrer in Vorschlag zu bringen, wodurch der Kreis der Auswahl für diesen sehr erweitert wurde. Er sah sich nach allen Seiten um und fand unter andern seinen nachmaligen Collegen und Freund, den Dr. F. Kohlrausch, der aus seinem, dem westphälischen Königreiche anheimgefallenen, hannoverschen Vaterlande ausgewandert war und eine Privatanstalt in Barmen bei Elberfeld eingerichtet hatte, bereit, eine Stelle am Lyceum in Düsseldorf anzunehmen. Er wurde im September 1813 vom Minister Nesselrode berufen und sollte mit dem neuen Jahre sein Amt antreten. — Ein ehemaliger College Kortüm's am Pädagogio zu Halle, Fr. Strack, damals Lehrer am Gymnasium in Wertheim, nahm ebenfalls einen Ruf nach Düsseldorf an. Vier der ältern Lehrer des Lyceums, unter denen der französische Lehrer Daulnoy, der nachherige Bibliothekar Schram in Bonn, und der mathematische Lehrer Brewer, wurden beibehalten.

Eine große Hemmung weiterer tüchtiger Stellenbesetzungen stand jedoch immer noch im Wege, nemlich der Mangel einer hinreichenden Dotation des Gymnasiums. Die Jesuitengüter, aus welchen auch das Lyceum fundirt war, waren zum großen Theile von Napoleon eingezogen und sollten mit denen der linksrheinischen Jesuiten und den Gütern der aufgehobenen Universität Duisburg zur Begründung einer neuen rheinischen Universität verwendet werden.

Die Mittel des Düsseldorfer Lyceums waren so schwach geworden, daß z. B. dem Dr. Kohlrausch nur 700 Fr. an Gehalt, nebst dem Antheile des unter die Lehrer zu vertheilenden Schulgeldes, zugesichert werden konnten; der Muth des neuen Directors und seiner Gehülfen, durch tüchtige Leistungen den Ruf des Gymnasiums zu heben und zahlreiche Schüler heranzuziehen, mußte den Mangel genügender fester Mittel ersetzen. Und ihre gute Zuversicht wurde durch eine, wenn auch gehoffte, doch in dem Umfange nicht erwartete, großartige Hülfe, nemlich durch die Schlacht von Leipzig belohnt. Ehe noch die bestimmte Zeit der Eröffnung der neuen Anstalt herankam, wurde die bergische Regierung gestürzt, wurden die Franzosen über den Rhein getrieben und zog der von der Central-Verwaltung der eroberten Provinzen ernannte General-Gouverneur Justus Gruner in Düsseldorf ein. Gleich nach ihm erschien der Professor Steffens von Breslau, der zuerst als Mitkämpfer und dann als Redner für die deutsche Sache mit dem Heere zog. Befreundet mit dem Gouverneur Gruner leistete er diesem in den Organisationsgeschäften, welche in seinem Gesichtskreise lagen, Hülfe. Und wie in jener ewig unvergeßlichen Zeit die für das Vaterland begeisterten Männer sich in wenigen Stunden näher kamen, als in gewöhnlichen Zeiten oft in Monaten und Jahren, so befreundeten sich auch Kortüm und Kohlrausch sehr schnell mit Steffens und wurden durch diesen wieder in Gruner's Vertrauen gezogen; und dieser übertrug ihnen gemeinschaftlich die Ausarbeitung der ökonomischen Verhältnisse des neuen Gymnasiums mit der ausdrücklichen Weisung, dieselben reichlich, ja liberal zuzuschneiden, damit eine, der deutschen gelehrten Schule durchaus würdige Anstalt für lange Dauer geschaffen würde. Die Mittel dazu sollten aus dem Düsseldorfer Jesuitenvermögen genommen werden, welches Gruner sofort für seine neuen Schöpfungen reclamirt hatte. Um dieses Vermögen aber aus seiner Zersplitterung wieder zusammenzufinden und die Actenstöße durchzuarbeiten, war ein Mann erforderlich, der die früheren Verhältnisse genau kannte, und diesen fand Gruner in einem Ehrenmanne, dessen Andenken bei dieser Gelegenheit mit wahrer Pietät erneuert zu werden verdient; das war der katholische Schulrath Bracht, ein Geistlicher von so biederer, ächt deutscher Gesinnung, daß sich sehr bald ein freundschaftliches Verhältniß zwischen ihm und Kortüm und Kohlrausch bildete, welches während ihres ganzen Zusammenlebens ungetrübt fortdauerte. Dieser geschäftskundige Mann schaffte die nöthigen Beweisstücke über das Jesuitenvermögen herbei und arbeitete mit den übrigen von Gruner bestellten Männern den Haushaltsplan des Gymnasiums in der liberalsten Weise aus. Darin erschienen nun andere Gehälter, als das Nesselrodesche Lyceum zu bieten gehabt hatte, Gehälter, wie sie überhaupt in der damaligen Zeit zu den seltenen gehörten. Das Gehalt des jungen unverheiratheten Directors wollte dieser selbst nicht über die der oberen Lehrer gesetzt wissen, und so wurde eine Anzahl oberer Gehälter zu je 1000 Thlr. und die der übrigen Lehrer abstufend bis zu 3 oder 400 Thlr. ausgeworfen, so jedoch, daß das Schulgeld nicht unter die Lehrer getheilt werden, sondern in die Schulkasse fließen sollte, wodurch von vorn herein den Uebelständen einer solchen Vertheilung vorgebeugt wurde. Der Plan wurde durch Gruner gebilligt und ist auch in den folgenden Zeiten, nachdem das bergische Land unter preußische Herrschaft gekommen war, in der Grundlage beibehalten, und das Düsseldorfer Gymnasium ist längere Zeit hindurch das bestdotirte in den Rheinprovinzen gewesen.

Die damalige gehobene und rasch bewegte Zeit brachte die Freunde auch noch mit andern wichtigen Männern, die an der Erhebung Deutschlands nicht unbedeutenden Theil genommen hatten, in Verbindung. Es erschien in Düsseldorf der kräftige Ernst Moritz Arndt mit seinem Freunde, dem Turnvater Friedrich Ludwig Jahn, und die Gemüther schlossen sich schnell an einander. Auch Joseph Görres, dessen Rheinischer Merkur einen überwältigenden

Einfluß auf die Gemüther zu gewinnen anfing, welcher demselben bald den Namen der fünften Macht im Bunde gegen Napoleon erwarb, kam zum Besuch nach Düsseldorf. Einen Vereinigungspunkt bildete das Haus der geistvollen Geheime-Räthin Schlosser und unvergeßlich wird unter andern dem Schreiber dieser Zeilen, leider aus dem ganzen damaligen Kreise der einzig Ueberlebende der ist, die Neujahrsnacht von 1813 auf 14 sein, welche die Freunde mit Gruner und Steffens und den nächsten Verwandten der trefflichen Frau in deren Zimmern in der gehobensten Stimmung zubrachten. Zu den Verwandten derselben gehörten die Gebrüder Hasenclever in Ehringhausen, wovon der ältere, David, mit der Schlosserschen Tochter verheirathet war, warme deutsche Männer, mit welchen die Freunde nebst Arndt und Jahn im Sommer 1814 heitere Tage in Ehringhausen verlebten. Auch der Professor Strack, dessen schon gedacht ist, war bald nach der Eröffnung des Gymnasiums in Düsseldorf angelangt und reihte sich mit Wärme dem sich immer enger zusammenschließenden Freundes-Kreise an; seine originelle Laune, sein gemüthlicher Humor trug nicht wenig zu dessen Belebung bei und sein biederer Charakter erweckte Vertrauen und herzliche Zuneigung.

Für die tägliche Pflichterfüllung war natürlich das Gymnasium der Boden, welchen die drei auch als Collegen verbundenen Freunde mit aller Kraft und Hingebung zu bearbeiten sich bestrebten, und ihrer jugendlich frischen Thätigkeit gelang es auch bald, zunächst bei den Schülern und durch diese bei dem Publicum Anerkennung zu gewinnen. Es waren jedoch noch manche Lücken im Lehrercollegio auszufüllen, um den vollständigen Unterricht für sechs Gymnasial-Classen förderlich zu gestalten. Die billige Rücksicht für das katholische Publicum Düsseldorfs forderte mit Nothwendigkeit, daß noch mehr katholische Lehrer angestellt würden. Aber woher solche nehmen, da keine Universität in dem ganzen katholischen Rheinlande humanistische Bildung gepflegt hatte? Da wandten die Freunde die Blicke nach Westphalen und Kortüm schrieb an den würdigen Professor Kistemaker in Münster, der in alter holländischer Weise gründliche philologische Kenntnisse besaß, ob er nicht unter seinen Schülern einen jungen Mann habe, den er zum Gymnasiallehrer empfehlen könne. Kistemaker antwortete, die jungen Studirenden mit gründlichen Schulkenntnissen seien auch in Westphalen dünn gesäet, aber er habe einen, freilich noch sehr jungen Mann unter seinen Zuhörern, der bei Seidenstücker in Soest gute Schulstudien gemacht habe und Anlagen zum Lehrer zu haben scheine; wenn man es in Düsseldorf mit einem noch so jungen und im Unterrichte ungeübten Manne versuchen wolle, so werde er ihn zu bestimmen suchen, einem Rufe dahin zu folgen. Dieser junge Mann, der im Herbst 1813 alsbald berufen wurde, war der Lehrer und nachherige Director des Düsseldorfer Gymnasiums, dann Schulrath in Coblenz und gegenwärtig Geheimer-Ober-Regierungsrath in Berlin, Dr. Brüggemann, der sich, trotz einer in den ersten Jahren seines Schullebens zu überstehenden, schweren und langwierigen Krankheit, zu den Leistungen eines der vorzüglichsten Schulmänner und zu einer umfassenden Uebersicht des Schul- und Erziehungswesens und zu wirksamem Eingreifen in dessen Leitung emporgearbeitet hat.

Es war nicht blos das Gymnasium, welches die Thätigkeit der Freunde in Anspruch nahm, sondern für das gesammte Unterrichtswesen des bergischen Landes sollten sie ihren Rath ertheilen. Der General-Gouverneur Gruner setzte einen provisorischen Schulrath unter dem Vorsitze des Staatsraths Georg Jacobi zur Entwerfung organischer Statute für das Volksschulwesen des Großherzogthums nieder und berief, neben dem Schulrath Bracht, auch den Director Kortüm und den Professor Kohlrausch zu Mitgliedern desselben. Es wurden Regulative ausgearbeitet, die Volksschulen wurden in Districte eingetheilt und denselben Aufseher vorgesetzt, welche, (in dem Streben nach einem deutschen Namen statt des lateinischen Inspectors,) den Titel Schulpfleger, (nach der Analogie des biblischen Landpflegers) erhielten. — Dieser Schulrath bestand bis zur Uebergabe des Landes an die Krone Preußen und Einsetzung der preußischen Verwaltungsbehörden.

Es sei bei dieser Gelegenheit des würdigen Staatsraths Georg

Jacobi noch einmal mit dankbarer Erinnerung gedacht, welcher das Wohlwollen für Kortüm rein und treu bewahrte, ihn in seinen schwierigen Aufgaben mit Rath und That unterstützte und jetzt auch in den Sitzungen des provisorischen Schulrathes sich als einen gemüthlich biederen und zuverlässigen Leiter der Geschäfte bewährte.

Das Verhältniß Kortüm's zu seinem Collegen Kohlrausch war längst ein inniges, auf gegenseitiger Uebereinstimmung der Charaktere, der Grundsätze, der Lebensansichten und Menschenbeurtheilung gegründetes geworden. Es hat allen Wechsel der Schicksale, alle räumliche Trennung und Verschiedenheit des Wirkungskreises, ungeachtet das Zusammenleben und Wirken nur fünftehalb Jahre umfaßte, überdauert. Auf dem Boden der religiösen Ueberzeugungen, der tiefgewurzelten Liebe zur Wahrheit und Verschmähung alles Scheinwesens, zeigte sich ihre Uebereinstimmung so probehaltig, daß nicht nur in dem persönlichen engen Zusammenwirken für den nächsten Beruf nie eine ernstliche Differenz vorgekommen ist, sondern daß auch, in den 41 Jahren nach ihrer Trennung in dem lebhaften brieflichen Verkehr die Sicherheit des gleichen Urtheils über die größeren Weltbegebenheiten, wie über kleinere Lebensereignisse, über menschliche Charaktere, literarische Erscheinungen, Geschäftssachen, Schulverwaltung, und was sonst das Leben an bemerkenswerthen Dingen mit sich bringt, oft auf überraschende Weise hervortrat. Ja es konnte der eine der Freunde meistens mit Bestimmtheit voraussagen, wie der andere in großen und kleinen Dingen über eine Sache urtheilen würde. Die Verschiedenheit der Temperamente gab den Gefühlen und Ansichten allerdings häufig eine etwas andere Färbung. Kortüm war leicht erregbar, ja reizbar, und die äußere Ruhe und Haltung, die er stets zu bewahren wußte, verdeckte nicht selten eine starke innere Bewegung. Kohlrausch's größere Ruhe und Unbefangenheit, die schon durch die acht Jahre, die er im Alter voraus hatte, unterstützt wurde, dienten oft zur rascheren Beruhigung von Kortüm's Innern, während dessen leicht erregbares lebendiges Interesse oft den Freund zur Theilnahme an Dingen mit fortzog, die sonst vielleicht unbemerkt an ihm vorübergegangen wären. Auch auf die

Familie des letzteren erstreckte sich Kortüm's Theilnahme und Freundschaft, wovon dessen Kinder und Enkel noch redende Beweise erfahren haben.

Als dritter schloß sich diesem Bunde, wie schon bemerkt ist, Strack an, dessen Originalität, dessen durch und durch braves und treues Wesen ihn persönlich liebenswürdig, und dessen Eifer für die Schule und achtbare Kenntnisse ihn zum tüchtigen Mitarbeiter für die Hebung derselben machten. Seine mitunter etwas schroffen Ansichten und manche Sonderbarkeiten trennten die Freunde keineswegs, gaben vielmehr oft zu launigen und ergötzlichen Scenen Veranlassung. Auch sein Haus wurde ein Vereinigungspunkt der Freunde, und im weiteren Umfange vergrößerte sich noch der Kreis durch die Jacobischen- und Schlosser-Hasencleverschen Familien.

In den Jahren 1814 und 15 wurde auch dieser Kreis auf das lebhafteste durch die großen Weltbegebenheiten in Spannung gehalten. Der erste Sieg Blüchers bei Brienne und La Rothière, das schwankende Kriegsglück im Februar, die ängstliche Zeit der Erwartung im März, da eine zeitlang durch Napoleons Vordringen gegen Lothringen im Rücken der Alliirten die Verbindung mit denselben abgeschnitten war und alle Nachrichten ausblieben oder unsicher wurden, dann die gewaltig ergreifende Kunde von dem Kampfe vor den Barrieren von Paris und dem Einzuge der Verbündeten in diese Stadt, — wer jene Zeit mit erlebt und durchempfunden hat, weiß, wie stark die Gemüthsbewegungen waren, welche alle Freunde des Vaterlandes oft fieberhaft ergriffen. Und eine zweite fast noch bewegtere Zeit gerade für die Gegenden des Niederrheins brachte Napoleons Wiederkehr von Elba im März 1815 wegen der Nähe des Kriegsschauplatzes. Dem Schreiber dieser Zeilen stehen unter andern die Stunden aus dem Juni noch lebhaft vor Augen, in welchen die Mitglieder des provisorischen Schulraths ihre Sitzungen hielten und vor dem Gewichte der sich vielfach durchkreuzenden Nachrichten, die ein jeder mitbrachte, von ihren nächsten Arbeiten kaum die wichtigsten berathen konnten. Der Staatsrath Jacobi hatte durch seine Verbindung mit der Familie des General-Gouverneurs

Sack in Aachen immer die neuesten Nachrichten, und mit schwerer Sorge erfüllte die Gemüther, nach der Mitte des Juni, das Wort, daß die Familie des Gouverneurs schon von Aachen abgereist sei, um in Düsseldorf eine bessere Zuflucht zu finden, da sich der Krieg überraschend nähere. Dunkle Gerüchte von der Schlacht bei Ligny und einem Rückzuge der Preußen durchliefen die Stadt. Es wird am Abend des 19. Juni gewesen sein, als die Mitglieder des Schulraths auch so zusammensaßen und ihre gedrückte Stimmung durch ein ungewöhnliches Geräusch von eilig die Straße durchwandernden und laufenden Menschen gestört wurde. Die Sitzung wurde aufgehoben und in gespannter, keineswegs freudiger, Erwartung leiten die Mitglieder auf die Straße. Die Frage, was die ungewöhnliche Bewegung bedeute, wurde von herantretenden Bekannten und Unbekannten in hastiger, zum Theil verworrener Rede dahin beantwortet, daß ein großer Sieg der Preußen und Engländer am 18. erfochten sei; schon sei ein Courier durchgeeilt, ja, der Oberst v. Thiele halte in diesem Augenblicke in dem erbeuteten Wagen des Herzogs von Bassano auf dem Posthofe, um dem Könige von Preußen entgegen zu eilen. Man wollte sogar schon Briefe aus Aachen gesehen haben, die den Sieg beglaubigten. Freunde, die sich auf den Straßen begegneten, fielen sich mit Thränen in den Augen in die Arme, und so entschieden traten die Siegesnachrichten auf, daß die Stadt sich schnell erleuchtete, daß die Menschen in die Kirchen strömten, um Gott zu danken, und daß unter anderm der alte ehrwürdige lutherische Pastor Hartmann bei gefüllter Kirche auf die Kanzel trat und eine Rede voll des begeistertsten Dankes hielt, wie sie gewiß nie aus augenblicklicher Eingebung so von seinen Lippen geflossen war. Solche Augenblicke erlebt und ihre Erschütterungen gekostet zu haben, bildet einen leuchtenden Punkt auf der Lebensbahn, dessen Glanz nie verlischt.

Die Bestätigungen folgten sich in reißender Schnelle und an einem der folgenden Tage erregte ein Brief Gneisenau's an die Oberstin v. Clausewitz, die nebst andern Offiziers-Frauen in Düsseldorf die Entwicklung der Begebenheiten abwartete, die größte Sensation, schon ehe er geöffnet war; denn Gneisenau hatte auf die Adresse geschrieben: „man bittet, das Siegel zu betrachten;“ und siehe, der Brief war mit Napoleons eigenem Petschaft gesiegelt, welches in seinem am Abend der Schlacht in Jemappe erbeuteten Wagen gefunden war. Auch der Brief wurde sofort mit Bewilligung der Empfängerin in der Düsseldorfer Zeitung abgedruckt und enthielt in begeisterter Sprache die Beschreibung der Schlacht, besonders aber der von Gneisenau bei hellem Mondenscheine ausgeführten Verfolgung der Franzosen, welche den Sieg so vollständig machte. Der von Gneisenau verfaßte Siegesbericht Blüchers enthielt später fast dieselben Wendungen. Auch Napoleons Wagen selbst erschien bald darauf, von vier großen braunen normannischen Pferden gezogen, als Beuteantheil des Majors Keller, der mit seinem Pommerschen Bataillon zuerst in Jemappe eingedrungen war, in Düsseldorf; der Major schickte ihn seiner Frau, die ebenfalls in Düsseldorf weilte, und diese, in der berauschenden Freude über einen solchen Siegespreis, verschenkte bei dem Auspacken der Wagenkasten, bei welchem sich in dem Hotel, wo sie wohnte, erstaunte Zuschauer versammelt hatten, den umstehenden Bekannten und selbst Unbekannten, als Erinnerungszeichen aus der Napoleonischen Beute, Bücher, kleine Reisebedürfnisse, Tassen, Rasiermesser u. s. w.; und so erhielt auch Kortüm, der zufällig zugegen war, ein Exemplar eines lateinischen Autors, ich glaube des Sueton, in welchem an bezeichnenden Stellen Bleistiftstriche, ohne Zweifel von Napoleons Hand gemacht waren; denn welcher Dritte hätte in Napoleons Büchern Randglossen machen dürfen?

Diese Abschweifung auf das Gebiet der damaligen Tagesgeschichte wird hoffentlich nicht gemißbilligt werden. Sind doch solche großartige Erlebnisse ohne Zweifel von entschiedenem Einflusse auf die ganze Lebensrichtung, die Auffassung der göttlichen und menschlichen Dinge, das Verständniß der Vergangenheit, Gegenwart und Zukunft, besonders auch für den Lehrer der Jugend, welchem sie einen Schwung und Ernst geben müssen, der ihn antreibt, ein Geschlecht bilden zu helfen, welches der großen Hülfe Gottes an dem Vaterlande nicht unwürdig ist.

Die innere Entwicklung der Schule ging zunächst aus den Ansichten und Erfahrungen der vereinigten Freunde und einer sorgfältigen Beobachtung der vorliegenden Bedürfnisse der Schüler in den verschiedenen Classen hervor; denn Anknüpfungspunkte an die Vergangenheit der Anstalt gab es in ihrem ziemlich haltungslosen Zustande wenige, und die Schulordnungen des nördlichen Deutschlands, selbst Preußens, waren theils noch weniger theoretisch festgestellt, theils galten sie auch noch nicht in dem provisorisch verwalteten Bergischen Lande. Aber doch brachten Kortüm und Strack aus ihrem Lehrerleben in Halle die Kenntniß des preußischen gelehrten Schulwesens in seinem wesentlichen Zuschnitte mit und so ward dasselbe auch vor dem Uebergange unter preußische Herrschaft die Grundlage der Düsseldorfer Gymnasialeinrichtung; ja, die Anstalt wurde in der nächsten Zeit ein Vorbild für manche andere in den Rheingegenden und hat ihren guten Ruf bis in die neueste Zeit erhalten.

Zwar wurde das Band der drei vereinigten Freunde, welche vorzüglich dabei thätig gewesen waren, nur zu bald wieder zerrissen: der Professor Strack erhielt im Jahre 1817 einen Ruf als Director der Vorschule in Bremen unter vortheilhaften Bedingungen und nahm ihn an, und im Herbst 1818 wurde der Professor Kohlrausch von dem preußischen Ministerio als Consistorial- und Schulrath nach Münster versetzt, um das höhere Schulwesen der Provinz Westphalen, welches noch weniger geordnet war, einzurichten und zu leiten. Diese Trennungen waren bitter; allein da der Hauptgründer und Förderer des Werkes an dessen Spitze zurückblieb und für sein ferneres Gedeihen bürgte, so durften die zu einer umfassendern Thätigkeit abgerufenen Freunde dem Rufe des Schicksals nicht ausweichen.

Zu diesen lebenvollen Bildern bleibt uns jetzt nur ein gedrängter Nachtrag für die Folgezeit, um Kortüm's Walten nach jeder Seite hin zu schildern. So wurden im Frühling 1815 die gymnastischen Uebungen, das sogenannte Turnen, bei dem Gymnasium durch den von Friedrich Ludwig Jahn empfohlenen Wilhelm Zernial aus

Magdeburg eingeführt, welche einige Jahre fortgesetzt wurden, bis zum Schließen der Turnplätze durch die Regierung im Jahr 1819. Ueber diese Uebungen führte die nähere Aufsicht der Professor Dr. Strack, bis zu seinem Abgange. — Als bald hernach im Mai 1815 zu Aachen die Huldigung der Rheinlande für die Krone Preußen Statt fand, vertraten Kortüm und Professor Schram das Gymnasium zu Düsseldorf. Beide hatten ihre Vaterlandsliebe vielfach dargelegt, Schram besonders durch Schriften, welche die Nothwendigkeit deutscher Einigkeit überzeugend bewiesen. Namentlich aber benutzte Kortüm die Gelegenheit, welche die bei den Schulprüfungen im Herbst erscheinenden Programme darboten, zur Aeußerung politischer und pädagogischer Gedanken, die für den Kreis dieser Schriften geeignet waren. So sagt er 1814: „Das Unerwartete, Große, Wundervolle ist geschehen. Der Wahn irdischer Größe, bethörenden Glanzes ist verschwunden. Wo Furcht war, ist nun Zuversicht, wo banges Zagen, Vertrauen. Auch hier in unserm Vaterlande versuchte es der Fremde, die Geisteskraft zu lähmen, den Menschen zur Maschine herabzuwürdigen, der Hand- und Redefertigkeit glänzenden Lohn zu zeigen, gründliches Studium als unnütz aus der Welt zu vertilgen. Wir sind uns wiedergegeben; so ist es auch Pflicht, was deutscher Art, zu pflegen. Eine gründliche harmonische Bildung der Jugend ist die Aufgabe eines jeden deutschen wissenschaftlichen Instituts; sie wird auch die unsrige sein. Wie aber die Tugend, wenn sie nicht um ihrer selbst willen geliebt, und nur des erwarteten Vortheils wegen geübt wird, keine Tugend zu nennen, so scheint uns alles Streben nach Bildung ein unsittliches zu sein, das bloß um irdischer Zwecke, um der Persönlichkeit willen, nicht also aus Liebe der Wissenschaft und der höhern Veredlung des Menschen begonnen wird.“ Und 1815: „Die öffentliche Prämien-Austheilung ist abgeschafft worden, weil uns das Erhöhen der Eitelkeit und das Anspornen des Ehrgeizes etwas Unsittliches zu sein scheint, und durch unsittliche Mittel nicht wohl Sittliches erreicht werden kann. Statt dessen wird an dem der Prüfung folgenden Tage im Kreise der Schule eine allgemeine Censur gehalten, und bei der Gelegenheit auch denjenigen, die durch Fleiß und sittliches Betragen vor andern sich ausgezeichnet und die besondere Zufriedenheit des Lehrer-Collegiums sich erworben haben, ein sogenanntes Prämium als Beweis unsrer Zufriedenheit und Liebe ertheilt werden. Denn nur auf solche Weise, wie ja auch im Kreise der Familie, können dergleichen Auszeichnungen vortheilhaft wirken, dagegen die öffentlichen für ein jugendliches Alter gefährlich sind, Dünkel und Stolz und Trotz auf Verdienst, das nur Pflichterfüllung ist, hervorbringen, wenigstens dem Streben für das Gute, das ein Schüler durch Fleiß und durch Liebe gegen seinen Lehrer offenbart, noch einen selbstischen Nebenzweck hinzufügen, der dem wahrhaft Sittlichen in dem Betragen des Schülers eine gefährliche Klippe ist. Alles Reine muß rein erhalten, und um des Scheines willen nicht Herrliches und Tüchtiges absichtlich zerstört werden.“ In der Folge entsagte Kortüm auch dieser Prämienvertheilung innerhalb der Schule, ohne daß dadurch Fleiß und edler Ehrtrieb der Schüler gelitten hätten. Immer klarer die Verhältnisse erkennend, gelangte er zu den gediegensten Ansichten, wie sie das schöne Programm von 1817: „Die öffentliche Schule als Erziehungsanstalt und ihr Verhältniß zur Familie“, dem ein Motto aus Platons Gesetzen (V. p. 215. Bip.) bedeutsam voransteht, in einer Weise ausspricht, die noch heute alle Aufmerksamkeit verdient. „Das Leben in der Schule, heißt es hier S. 9, verhält sich zu dem Leben in der Familie, wie die Idee zu der Sitte, wie die Erkenntniß zu dem Gefühl. Die Schule sucht in dem Gange des Unterrichts in den verschiedenen Gegenständen des Wissens den Geist des Schülers vorzubilden und darauf hinzurichten, was als Erkenntniß in der Zukunft das Handeln bestimmt und leitet; das Sein in der Familie dagegen entwickelt die Kraft und Fülle des Gemüths, daß es ein tüchtiges Werkzeug sei, die Erkenntniß aufzunehmen und dem Handeln Gehalt und Würde zu geben.“ Vernimmt man hier den Schüler Schleiermachers nicht ohne Befriedigung, so zeigt der Verfolg, wie vortrefflich Kortüm diese Ideen auf das Wirkliche zu übertragen verstand, — ohne Frage der Probstein aller pädagogischen Weisheit. Ganz und gar praktischer Art sind die 1818 dargelegten „Anordnungen und Wünsche der öffentlichen Schule für die Beförderung des Fleißes ihrer Zöglinge," so wie 1820 die Gedanken: "über Abfassung des Lehrplans für Gymnasien," in welchen über ältere und neuere Ansichten, über das Fach- und das Classensystem u. s. w. Ergebnisse des Nachdenkens und der Erfahrung ausgesprochen sind, die noch heute gehört zu werden verdienen. Eine nähere Verbindung der gelehrten Schulen Westphalens und der Rheinlande durch Mittheilung der jährlichen Schulschriften, wie sie am Schluß (S. 19) gewünscht wird, ist bald darauf gesetzlich bestimmt worden, und so auch dies Samenkorn erfreulich aufgegangen. Im Jahre 1821 werden die "Gesetze für die Schüler des Königlichen Gymnasiums" bekannt gemacht, um dadurch die Scheu und Ehrfurcht der Schüler fester zu begründen, wie es im Vorworte heißt, und der in der Zeit liegenden Ungebundenheit einen Damm zu setzen. Dann heißt es: "Es ist keineswegs unsre Meinung, als könnten diese positiv gegebenen Vorschriften allein eine wahre Erziehung der unsrer Anstalt anvertrauten Zöglinge begründen. Vielmehr steht es uns deutlich vor Augen, daß die Erziehung allein auf das Innere des Zöglings gerichtet sein muß, und ohne diese Richtung alle diese Veranstaltungen etwa nur eine äußere Haltung zur Folge haben, nimmer aber das erzeugen, was die sittlichen Anlagen in des Jünglings Seele reinigt, nimmer das befestigen, an welchem die edle Freiheit des Lebens emporrankt." Das Programm von 1816 enthält eine gelungene Uebersetzung der Rede des Demosthenes über die Freiheit der Rhodier, das von 1819 eine geschichtliche Arbeit "über das Gymnasium zu Düsseldorf im sechszehnten Jahrhundert," in welcher die anziehende Schilderung seiner ersten Blüthe unter Monheim und Franz Fabricius ungesucht zu Vergleichungen mit der neuesten auffordert, welche natürlich der Verfasser auch entfernt nicht erwähnt. Nicht ohne Bedeutung ist auch die Vergleichung der früheren Programme mit den spätern hinsichtlich der in Prima verhandelten Gegenstände. Schon 1815, noch mehr 1816 umfaßt der Griechische Unterricht, den Kortüm in dieser Classe immer selbst ertheilte, mehr Schriftsteller (z. B. 1816: Soph. Oed. in Col. und Antigone, Aesch.

Eumenides, Platonis Protagoras und Demosth. Olynth. et Philipp. 2 et 3), als später, wo in der Regel zwei Tragödien des Sophokles und eben so viele Prosa-Werke von Platon oder Demosthenes in einem Jahre gelesen wurden. Homer's Ilias ging immer daneben. Außerdem begegnen uns in den frühern Jahren unter den Wissenschaften, außer der von Schallmeyer vorgetragenen Logik und Psychologie, oder Geschichte der Philosophie und Moral, auch Vorträge Kortüm's über die Alterthumswissenschaft, und zwar Griechische Alterthümer und Geschichte der Griechischen Litteratur, beides unstreitig Uebergriffe in die akademische Lehre, welche seit 1818 bereits verdienter Maßen wegfallen. Dagegen übernahm, nach Kohlrausch's Abgange, im Herbst 1818 Kortüm den Geschichtsunterricht in den beiden obern Classen, und ertheilte ihn bis 1822 mit einem Eifer und einer Unparteilichkeit, welche die Verehrung und Liebe sämmtlicher Schüler zu ihm, wo möglich, noch steigerte. Denn vor vielen Lehrern besaß er die Kraft, die Jugend anzuziehen, indem er die Begabten lebhaft beschäftigte, und die Schwächern liebend heranzog, ohne darüber die Bessern zu vernachlässigen. Ein ruhig klares Wesen, ein edel tönendes Wort gewann gleich zu Anfange für ihn. So führte er Schritt vor Schritt zur Sache, nie schleppend, nie sich überstürzend. Er adelte jedes, das er berührte. Da lichteten sich verworrene Begebenheiten, da wurden die verborgensten Gedanken der alten Dichter klar, indem der Schüler durch des Lehrers Wink bald sich selbst zurechtfand. Kortüm hielt bei Erklärung der Alten durchaus die rechte Mitte zwischen grammatischer Mikrologie und bloß genießender Leserei. Wer unter seiner Führung Homer, Sophokles, Platon und Demosthenes las, der lernte diese hohen Geister zugleich verstehen und lieben für sein ganzes Leben. Dieses Geständniß haben dem edlen Manne nach vielen Jahren oft frühere Schüler, die zum Theil in ganz andern Lebenskreisen, als der Griechenwelt, sich bewegten, dankend ausgesprochen, und er freute sich dann von Herzen solcher Aussprüche. Jedes Wort, das aus Kortüm's Munde kam, das lehrende, wie das mahnende oder strafende, war durchdrungen von Gerechtigkeit und Liebe. Selbst solche, die er strafen mußte, erkannten meist früher oder später den edlen Sinn, aus dem sein Thun entsprang, und wußten ihm Dank. Die aber seiner Billigung, seines beifälligen Blickes sich erfreuen durften, hingen an ihm mit kindlicher Liebe und vergaßen ihn niemals. Sein Wort, sein Blick verkörperte sich gleichsam mit den Gegenständen seines Unterrichts. Schreiber dieses erfuhr es selbst in vollem Maße, da er nach Ostern 1817 aus Privatunterricht auf das Gymnasium kam, mit leidlicher Uebung im Lateinischen, die ihn allenfalls für Secunda befähigte, jedoch ohne alle Kenntniß des Griechischen. Damals ertheilte der Director Kortüm den griechischen Unterricht in Quarta. In diese Classe ward der Ankömmling aufgenommen, und verdankte es den von ihm täglich in Kortüm's Hause von diesem aus freiem Antriebe erhaltenen Privatstunden, seinem fast wunderbar wirkenden Worte, daß nach drei Wochen das Fortarbeiten mit der Classe ihm nicht mehr schwer fiel. Im nächsten Semester ward er alsdann in Secunda aufgenommen, im folgenden Jahre zu Ostern 1819 in Prima, wo Kortüm's Erklärung des Oedipus in Kolonos des Sophokles ihn mit solcher Macht ergriff, daß wachend und träumend diese Bilder und Klänge ihn nicht mehr verließen. Aehnlich verhielt es sich mit dem homerischen Hymnus auf Demeter, der im vorhergehenden Winter in einigen Stunden, die für Prima und Secunda gemeinschaftlich waren, weil es augenblicklich die Noth so gebot, gelesen wurde. Da belebte sich Wort und Ton, und die uralt geheime Weihe schwebte vor dem ahnenden Sinn. Aber der höchste Genuß ward geboten, als Kortüm im nächsten Winter mit einigen ausgezeichneten Primanern Pindarische Hymnen las. Nie werden die großartigen Bilder der ersten olympischen, der vierten pythischen Hymne ihnen entschwinden. Glücklich der Lehrer, dem es gelingt, in dieser Weise Eindrücke für's Leben hervorzubringen! — Noch glücklicher jedoch sind die Schüler, im rechten Augenblick eines solchen Lehrers theilhaftig zu werden. So ist es denn nicht zu verwundern, daß Kortüm viele treu anhängliche und auch ausgezeichnete Schüler besaß, deren Zahl nicht gering ist, deren Namen in der Folge mit Ehren bekannt geworden sind. So die Juristen Christian und Julius

Sethe, Söhne des Präsidenten Sethe, Jacob Friederichs, Wilhelm und Friedrich Gräff, Franz Servaes, Alexander von Daniels, Albert von Roon, Heinrich und Gustav von Ammon, Heinrich von Motz, Gustav von Untzer, Widenmann, Romeo Maurenbrecher, Gottfried Deycks, Karl von Stedman, Georg Peltzer, u. A., die Philologen Friedrich Wilberg, Ludwig Schopen, Ferdinand Deycks, der zu früh verstorbene talentvolle Theodor Wülfingh, der die Philologie mit reichem Naturwissen verband, Heinrich Viehoff und Franz Brüggemann, der berühmte Physiker Julius Plücker, die Theologen Joseph Schmitz, Philipp Joesten, Karl Esch, Hermann Ball, der Statistiker Peter Kaufmann, der jetzige Oberst der Artillerie Alban Jacobi, der Sohn des Marschalls Soult, Graf von Dalmatien, welcher noch später aus Paris kostbare Ausgaben der Griechen als Zeichen des Dankes sandte, der Schlachtenmaler Dieterich Monten. Es ist eine lange Reihe, und wir brechen hier ab, weil es schwer sein möchte, aller zu gedenken, oder die gegenwärtige Stellung aller dieser Männer mit Genauigkeit anzugeben. So viel steht fest, Kortüm's Schüler fühlten sich ihm verbunden, wenn auch die Schulzeit längst vorüber war. Dann erst ward ihnen recht klar, was in ihm so mächtig anzog: das Bündniß echten Wissens mit edelster Gemüthlichkeit, christliche und zugleich menschlich milde Gesinnung, zur reinsten Humanität ausgeprägt. So erklärt es sich, daß an dem vorzugsweise von Katholiken besuchten Gymnasium zu Düsseldorf gegen ihn als protestantischen Director die Ehrfurcht und Liebe aller Schüler stets dieselbe blieb, und kein confessioneller Hader jemals aufkam. Wahrheitsliebe und Gerechtigkeit vereinigten sich in ihm zu wahrhaft christlicher Duldung, und dieses Beispiel wirkte fort auf das ganze Lehrer-Collegium. Zu diesem stand Kortüm stets in einem wahrhaft freundschaftlichen Verhältnisse, ohne jemals von seinen Rechten etwas aufzugeben. Weil alle überzeugt waren, daß er nur einen Zweck habe, das Wohl des Ganzen, die Blüthe der Anstalt, so befolgten sie gern und willig seine Anordnungen, selbst wo dies mit Mühen verbunden war. Er hatte, namentlich in den ersten Jahren seiner Amtsführung, vielfach Gelegenheit, Nachsicht und Geduld an Collegen zu üben. Doch ward ihm dies nicht schwer im Hinblick auf den zu erreichenden Zweck. Hierüber äußert sich Kortüm in seinem Bericht an die Regierung über den Schulplan, im November 1816. „Auf dem Papier,“ heißt es dort, „läßt sich ein Musterplan sehr leicht entwerfen. Ihn auszuführen, ist nicht möglich, ohne die Zahl der Lehrer, ihre Kenntnisse, Lehrgeschick und ganze Eigenthümlichkeit zu berücksichtigen. Sieht man Treue und Liebe zum Werk in den Einzelnen, auch wenn man die Methode nicht billigen kann, auch wenn sie der allgemeinen Norm zuwider läuft, so muß man doch schon zufrieden sein, anerkennend, daß ein schon bejahrter Lehrer von seiner eingeübten Art zu lehren, falls sie nur irgend lebendig und fördernd ist, nur gezwungen abgeht, und zwingt man ihn, dann abläßt, mit der bisherigen Liebe zu arbeiten. Daß dieses bei Entwerfung des diesjährigen Lections-Verzeichnisses reiflich erwogen sei, wird eine Königliche Regierung von einem Lehrer-Collegium erwarten, von dem ich kühn sagen darf, daß allen gleich sehr das Wohl des Ganzen am Herzen liegt.“

Mit solchen Gedanken und Grundsätzen durfte Kortüm sicher sein, den Beifall jenes Mannes zu erlangen, dem seit dem Juni 1816 die Stelle eines Regierungs-Schulrathes übertragen war, des grundedlen Ferdinand Delbrück, der ein Schüler F. A. Wolf's in Halle (1790) seit 1797 Gymnasiallehrer in Berlin, seit 1809 Professor der schönen Künste an der Universität und Regierungsrath zu Königsberg gewesen war. Sein Grundsatz lautete: „Man muß bei jedem vernünftigen Menschen ohne Ausnahme, und bei jedem Beamten insonderheit dasjenige Maaß von Einsicht und Rechtschaffenheit voraussetzen, dessen er für seine Verhältnisse bedarf, bis sich das Gegentheil darthut. Man muß so wenig wie möglich befehlen und so viel wie möglich der eigenen Selbstthätigkeit eines jeden überlassen. Man muß bei ergehenden Verordnungen den, welcher sie ausführen soll, nicht mehr beschränken, als eben nöthig ist, damit er, was er ausführt, als sein Werk ansehen und sich dessen freuen könne. — Beförderung des Guten muß der Ueberredung und der Kraft der Sitte vorbehalten bleiben. Auf diese unmittelbar hinzuwirken, ist Sache der christlichen Kirche, deren Ansehen daher durch jedes löbliche Mittel auf alle Weise zu heben ist.“ Diesem gemäß verfuhr Delbrück im Amte, während er außerdem rastlos bemüht war, sowohl sein Wissen zu mehren, als seine christlichen und wissenschaftlichen Ueberzeugungen fester zu gründen. Platon und Goethe waren seine Haupt-Lehrer und Vorbilder. Er besaß große Gewalt über die Sprache, daher eine kräftig gediegene, wenn auch nicht gerade biegsame Beredsamkeit, wovon seine Reden Zeugniß geben. Eine Anzahl derselben hat er theils in der 1831 zu Bonn erschienenen Sammlung in zwei Bänden gesammelt, theils auch einzeln dem Druck übergeben. Zu den letztern gehören zwei Reden, gehalten im Gymnasium zu Düsseldorf.

Mit dem Sommer 1817 verließ der verdiente Dr. Friedrich Strack Düsseldorf, um nach Bremen abzugehen. Es sollte nun ein Oberlehrer der Römischen Literatur für die obern und die mittleren Classen angestellt werden, der, wo möglich, katholisch und geistlich wäre. Kortüm, zum Bericht aufgefordert, schrieb hierüber am 4. August 1817: „Ich bin der Meinung, daß, wo Mehrere zu einem Zwecke arbeiten, der Einzelne an und für sich wenig vermag, daß aber die Verbindung Gleichgesinnter und dem einen Zwecke mit gleicher Liebe Ergebener allein Lebendiges und in's Leben Eingreifendes hervorzubringen im Stande ist. — Ein solcher allein eignet sich, dem das Schulamt nicht sowohl als eine Versorgung, als vielmehr wie die liebste und nothwendige Aufgabe seines Lebens erscheint, der mithin den Umgang und den lebendigen Verkehr mit der Jugend liebt, für sie die Arbeit nicht scheut. Könnte dazu ein Geistlicher gefunden werden, so möchte dies für die Einheit des Gymnasiums zweckmäßig sein. Jedoch fände sich in jemand alles Uebrige ohne das Geistliche, so halte ich dafür, daß dieses kein Grund der Uebersehung sein dürfte.“ Hierauf wurde für die obern Classen Dr. Christian Wilhelm Hildebrand aus Schulpforte, Schüler J. D. Ilgen's und Gottfried Hermann's in Leipzig, berufen, früher

Lehrer am Pädagogium zu Halle und am Gymnasium zu Frankfurt an der Oder, ein Mann von gediegener philologischer Bildung und hervorstechender, fast allzu großer Zartheit des Gemüthes. Hildebrand blieb im Amte bis 1853, verfiel in eine Gemüthskrankheit und starb am 11. Juni 1858 zu Erkrath bei Düsseldorf. Für den Religionsunterricht aber und für das Lateinische in den mittlern Classen trat im December 1817 der Geistliche Martin Boos aus Grönenbach in Bayern ein, der dort früher wegen seines unbedingten Glaubens an die Versöhnung mit Gott durch Christum Verfolgung erlitten hatte. Er trat in Düsseldorf mit gewaltigem Eifer auf, ging jedoch schon Ostern 1819 als Pfarrer nach Sayn bei Coblenz, wo er 1826 gestorben ist. Bei seiner Einführung am 30. December 1817 hielt Delbrück eine Rede „über die Verbindung des wissenschaftlichen Geistes mit dem Geiste der Frömmigkeit bei Unterweisung der Jugend.“ Die Nothwendigkeit dieser Verbindung wird hier überzeugend dargethan, und am Schluß auf Dr. Schallmeyer's Tod ergreifend hingewiesen. „Erst ehegestern,“ ruft er den Schülern zu, „habt ihr einen eurer Lehrer zum Grabe begleitet, der in den letzten Tagen seines in wissenschaftlicher Forschung wohl vollbrachten Lebens besuchenden Freunden wiederholt betheuerte, nie irgendwo anders Heil gefunden zu haben, als bei Christo. Ehret sein Andenken dadurch, daß ihr trachtet, so fromm und schön zu sterben, wie er starb.“ — Von nicht geringerem Belang ist die Rede, welche Delbrück am 22. Juli 1818 hielt, um im Auftrage des Königlichen Consistoriums zwei neu angestellte Lehrer des Gymnasiums einzuführen, nämlich den oben erwähnten Dr. Hildebrand und den Münsterländer K. G. A. Hülstett, welcher für Geschichte, Deutsch und Mathematik in den mittlern Classen eintrat. Ein sehr ernster Ton durchweht diesen Vortrag, welcher „über die Mühseligkeiten eines der Wissenschaft geweiheten Lebens“ handelt. Offenbar legte der Redner fremde und eigne Erfahrungen dar, damit die Jugend bei der Wahl des Berufes vorsichtig die Kräfte prüfe, und nicht glänzenden Trugbildern nachjage, die durch die Wirklichkeit später schmerzlich Lügen gestraft werden. An den Lehrling von Sais bei Schiller, an Kassandra's Wort:

„Frommt's, den Schleier aufzuheben,
Wo das nahe Schreckniß droht?
Nur der Irrthum ist das Leben,
Und das Wissen ist der Tod,"

mahnend, zeigt der Redner die Schmerzen und Gefahren des geistigen Strebens, nicht um davon abzuschrecken, sondern vielmehr um zu höherem Fluge zu begeistern, ein Zweck, der gewiß bei vielen der jungen Hörer erreicht wurde. Von den neu eingeführten Lehrern hatte indeß Dr. Hildebrand durch Gelehrsamkeit und Freundlichkeit in Mittheilung der Schätze seines Wissens bereits die Liebe der Jugend gewonnen, und auch Hülstett's ernstes Streben, namentlich seine Theilnahme an der neuern Englischen Litteratur, empfahl ihn bald.

Mit Kortüm stand Delbrück als älterer Freund, ungeachtet mancher Verschiedenheit im Charakter beider, in dem besten Verhältniß, weil sie mit Eifer dasselbe Ziel anstrebten, die echte Humanität, über welche Delbrück einst in jungen Jahren (1796) ein noch immer beachtenswerthes Büchlein geschrieben hatte. Diese Grundsätze, die Liebe zum wahrhaft Guten und Schönen empfänglichen Seelen einzuflößen, war Delbrück's eigentlicher Beruf. So ging er denn im September 1818 als Professor der Philosophie und schönen Litteratur an die neu gegründete Universität zu Bonn, wo er nach fast dreißig Jahren gesegneter Wirksamkeit am 25. Januar 1848 gestorben ist. Nicht immer jedoch konnte sich Kortüm mit Demjenigen einverstanden erklären, was ihm angerathen oder vorgeschrieben wurde. Als am 18. November 1816 ihm die Frage gestellt wurde, „ob sich nicht zwischen der Akademie der bildenden Künste und dem Gymnasium eine Verbindung stiften lasse," lehnte er eine solche auf das entschiedenste ab. Er sagte, das Gymnasium sei auf allgemeine Bildung gerichtet, während jene Akademie bloß einen vereinzelten Zweig ausbilde. „In Beziehung auf das künftige Leben seiner Schüler hat das Gymnasium einen zwiefachen Zweck," heißt es in seinem Bericht vom 27. November. „Für diejenigen, die den ganzen Cursus nicht vollenden, sondern schon aus den mittlern, oder auch obern Classen abgehen, und in's praktische Leben übertreten, soll es die Gewandtheit und Schärfe des Verstandes erhöhen und beleben, das Gemüth ausbilden und den Sinn für das Höhere wecken, um selbst in den untergeordneten Bahnen des bürgerlichen Lebens von Rohheit abgewendet mit frommer Gesinnung dem Guten, Edlen und Schönen zu huldigen; für diejenigen aber, die sich der Wissenschaft widmen und deshalb den Cursus ganz vollenden, soll es zudem noch alles vorbereiten und geben, dessen Besitz vorhanden sein muß, wenn das Studium der Wissenschaft auf der hohen Schule gründlich und fördernd sein soll. Immer war die Trennung zwischen Wissenschaft und Leben ein großer Uebelstand, da man aller Idee abhold, nur nach dem zunächst vorliegenden Nutzen fragte, als die fröhliche Jugend geplagt wurde mit dem, was vermeintlich brauchbar und nützlich für die Zukunft sein könnte, der Schatz der Bildung, das Lebenselement, das in dem Studium der alten Sprachen, als solche, oder der in ihnen niedergelegten ewig schönen Denkmale höherer Menschheit sich öffnet, fast ganz verschlossen, oder höchstens noch als ein gelehrtes Bedürfniß angesehen wurden. Der Verlauf der Zeiten hat dargethan, wohin ein solches Verlassen aller Idee führt, selbst in dem Herannahen des Unglücks ward dieses fast allgemein empfunden. Man sprach es deutlich aus, daß der eingeschlagene Weg des Handelns und der Bildung zum Handeln der falsche sei. Viele nach der neuern Form eingerichtete Schulen suchten nach und nach das Ungeeignete wieder zu verbannen und mit lebendigerm Geiste an der im Sprung verlassenen Form des Alten anzuknüpfen. Und nun der Staat, der am tiefsten gelitten durch das in jener Zeit Unvermeidliche, hat selbst in den Jahren der Unterdrückung in diesem Sinne Einrichtungen getroffen, die jedem einleuchten als Bemühungen, zu den lebendig machenden Ideen zurückzuführen, und die niedere Lebensansicht zu verlassen. Die Gründung der Universitäten, die belobte Aufmerksamkeit für die niedern Volksschulen und die Edicte über die Einrichtung der Anstalten, die zwischen Universität und Volksschule stehen, sind redende Zeugnisse. Demnach sind diesen die Alten und die Muttersprache, die Mathematik und Geschichte als die Hauptgegenstände des Unterrichts angegeben. Die Realien sind nur insofern darin zu berücksichtigen, als sie zur gleichmäßigen Ausbildung aller Geisteskräfte zu den allgemein verbreiteten und nothwendigen Kenntnissen gehören." So klar faßte Kortüm den Zweck der Gymnasien überall in's Auge, indem er rastlos strebte, jedes Fremdartige ihnen fern zu halten. Desto fester hielt er an dem einmal als gut und nützlich Erkannten, z. B. an den gymnastischen Uebungen, deren heilsame Wirkung bald nach deren Einführung von mehrern Seiten stark bestritten wurde. Auch hierüber nahm Kortüm Anlaß, sich berichtlich klar und entschieden auszusprechen. Hierin hat eine spätere Zeit durch Wiedereinführung jener Uebungen in die Gymnasien ihm Recht gegeben.

Im October 1818 trat der Dr. B. A. Durst, Rector der Schule zu Neustadt an der Aisch, als Lehrer der mittlern Classen, und im Herbst 1819 der Geistliche Johann Goßner, geboren 1773 in Bayern, als Religionslehrer am Gymnasium ein. Letzterer, durch seine deutsche Uebersetzung des Neuen Testamentes (München, 1818) bekannt, widmete sich seinem Berufe am Gymnasium mit großem Eifer, und zeichnete sich aus durch kräftige Erbauungsreden. Doch schon im Juni 1820 verließ er Düsseldorf, indem er in Petersburg ein Predigtamt übernahm, das er jedoch 1824 wieder aufgab. Er war in der Folge von 1829 bis 1843 protestantischer Prediger in Berlin, machte sich um das Missionswesen verdient und starb 1858. Im Herbst 1821 wurden die Lehrer Honigmann und später Karl Grashof für die mittlern Classen angestellt, und somit das Gedeihen der Anstalt durch frische Kräfte gefördert, welche alsbald der von dem Leiter ausgehenden tüchtigen Richtung sich anschlossen. Schon 1817 hatte dieser es ausgesprochen, was dazu hauptsächlich diente: "Meiner Ansicht nach genießt die Schulanstalt einen großen Vorzug, an welcher jeder Lehrer die Stelle einnimmt, welche ihm seine individuelle Bildung und sein Talent anweiset, so daß er nicht nur der Anstalt am nützlichsten sein könne, sondern zugleich zu seiner weitern Ausbildung steten Anlaß und Aufforderung finde.“ Vermöge dieses Grundsatzes hatte Kortüm es dahin gebracht, daß sein Geist nicht bloß in den obern, sondern in allen Classen des Gymnasiums bildend und fördernd wirkte, und manches Element, das im Anfange scheinbar widerstrebte, mit dem Ganzen in den schönsten Einklang trat. Mehr und mehr erkannte dies jetzt Stadt und Land. Sein Name wurde allerwärts mit Verehrung genannt. Im Sommer 1822 ertheilte ihm die philosophische Facultät der Universität zu Bonn wegen seiner großen Verdienste um das Schulwesen und die Förderung höherer Bildung in den Rheinlanden Ehren halber die philosophische Doctorwürde. Aber auch die höhere Behörde warf jetzt ihr Auge auf den hochverdienten Schulmann, und zog ihn allmählich in andre Kreise.

Als Kortüm um jene Zeit sich in Berlin befand, wurde ihm von einem höhern Beamten die Frage gestellt, ob er nicht wünsche, dermaleinst wieder in eine öffentliche Laufbahn einzutreten, da es für einen Schulmann gewöhnlich eine Zeit gebe, wo er entweder nach einem allgemeinen Wirkungskreis sich sehne, oder in einen solchen versetzt werden müßte, damit ein neuer Reiz ihn zu größeren Leistungen aufgeregt erhalte und vor Einseitigkeit schütze. Auf Kortüm's Antwort, daß diese Zeit noch nicht für ihn gekommen sei und er um keinen Preis seine jetzige Stellung gern verließe, wurde auf die bevorstehende Auflösung der Regierung zu Cleve und deren Verbindung mit jener zu Düsseldorf hingewiesen, welche die Anstellung eines Rathes für das Schulwesen zur Folge haben dürfte. Seit Delbrück's Abgange im Sommer 1818 war nämlich seine Stelle in Düsseldorf unbesetzt geblieben. Zu Anfang 1822 erfolgte die Vereinigung der Regierungsbezirke Düsseldorf und Cleve. Am 19. Februar 1822 erließ der Minister von Altenstein eine Verfügung an den Regierungs-Präsidenten von Pestel zu Düsseldorf, in welcher der Wunsch ausgesprochen wurde, „der Regierung zu Düsseldorf einen Consistorial- und Schulrath zuführen zu können, welcher außer den übrigen zu diesem Amte erforderlichen Eigenschaften auch mit den eigenthümlichen Verhältnissen der Rheinprovinzen und insonderheit des dortigen Regierungsbezirkes nicht unbekannt sei,“

und bezeichnete den Dr. Kortüm als den geeigneten Mann, insofern er Kenntnisse und Bildung mit der nöthigen Erfahrung verbinde, da er als Director des Gymnasiums mit nicht geringen Schwierigkeiten zu kämpfen gehabt, die er im Ganzen glücklich besiegt, auch unter der Großherzoglich Bergischen Regierung eine ähnliche Stelle schon bekleidet habe. Eine besondere Berücksichtigung verdiene jedoch hierbei das Gymnasium, welches „der einsichtigen Leitung Kortüm's zu einem nicht geringen Theile seinen gegenwärtigen Flor verdankte.“ Es sei zu bezweifeln, daß Kortüm mit dem Amt eines Consistorial- und Schulraths in der Regierung das Directorat des Gymnasiums ohne Nachtheil für die eine oder die andere Stelle verbinden könne. Daher sei in dem Falle, daß Kortüm zur Annahme der erwähnten Stelle geneigt wäre, für das Directorat des Gymnasiums ein andrer befähigter Mann zu gewinnen, was freilich nicht leicht scheine. So trat denn eine persönliche Verhandlung mit Kortüm ein. Nicht leicht, noch gern gab er die Leitung der Anstalt aus der Hand, welche nach seinen Ideen von Jahr zu Jahr schöner aufblühte. Aber wichtigere Rücksichten drängten zum Eingehen auf den Plan des Ministers. So gab denn Kortüm am 12. April 1822 seinen Entschluß zu erkennen, das neue Amt anzutreten, indem er als erster Director die obere Leitung des Gymnasiums für's Erste beibehalte. Zum zweiten Director aber empfahl er den Professor Brüggemann als in jeder Beziehung geeignet. So wurde denn durch Königlichen Cabinetsbefehl vom 18. September 1822 Kortüm zum Consistorial- und Schulrath bei der Regierung zu Düsseldorf ernannt, und hat acht Jahre auch in diesem Amte seine vorzüglichen Eigenschaften bewährt.

Die Leitung des Gymnasiums übernahm jetzt der neu ernannte zweite Director, Dr. Brüggemann, zu dessen Einführung, zugleich mit den neuen Lehrern Dr. Karl Crome und Karl Grashof, am 7. Mai 1823 eine Schulfeierlichkeit Statt fand, bei welcher Kortüm in ergreifender Rede von der Schule Abschied nahm. „Es war gestern,“ sprach er, „der Tag, an welchem vor zehn Jahren die Landesbehörde mir, damals einem Jünglinge, die Leitung dieses

Gymnasiums übertrug, gerade zu der Zeit, als die Botschaft von dem, was in den Ebenen von Lützen geschehen, in der Weise, wie es hier verkündet wurde, den Muth und Uebermuth der Fremden neu erhob, die Hoffnungen der Vaterländischgesinnten aber niederschlug. Mit trüben Aussichten in die Zukunft trat ich daher mein Amt an, zu dessen Annahme mich allein bewegen konnte das ehrende Vertrauen meiner damaligen Vorgesetzten, der Rath älterer und mir väterlich gesinnter Freunde, welche in frommem Sinne den nicht durch mich veranlaßten Ruf als eine Fügung Gottes betrachten hießen, endlich der jugendliche Muth, der, je geringer damals meine Erfahrung war, in so geringerem Maaße die Schwierigkeiten, welche zu bestehen mir oblagen, mich schauen ließ. Ein Plan zur allmähligen Verbesserung der Schulanstalt wurde entworfen und genehmigt, die Berufung neuer Lehrer eingeleitet, bis die Zeit der völligen politischen Umwandlung herankam, und mitten unter den eifrigsten Rüstungen für die Behauptung der Unabhängigkeit von Fremdherrschaft, in der Ansicht, daß wer für die Gegenwart das Tüchtige will, auch die Zukunft in's Auge fassen muß, plötzlich die völlige Umwandlung dieser Schule nach dem der Verbesserung zum Grunde gelegten Plan beschlossen und ausgesprochen wurde. Unscheinbar in ihrem Entstehen, von vielen lange verkannt in ihren Absichten, hat sie sich nach und nach emporgerungen. Jedes Hindernisses Ueberwindung wurde ihr ein Fortschritt, jede Veränderung Verbesserung. So steht sie da, nach zehn Jahren von sich selber zu zeugen. Die trüben Wolken, die beim Antritt meines Amtes die Aussicht beschränkten, haben sich verzogen; mit heiterem Blick darf ich auf das Gewordene schauen. Soll ich nun nicht preisen die Güte der Vorsehung, unter deren Obhut die Anstalt empor geblüht ist? Soll ich nicht rühmen die glückliche Fügung aller Umstände, die da Hülfe gewesen, um sie auf ihren gegenwärtigen Standpunkt zu führen? Soll ich nicht heute dies alles erwägend bei dem Wunsche für die Fortdauer ihrer Blüthe der Momente gedenken, durch welche diese ihr auch fernerhin gesichert wird? —

Jegliche Anordnung kann nur insofern sich Dauer versprechen, als sie in sich den Keim des Ewigen trägt und über die Zeit hinaus ihr Ziel sich steckt. Was für irdisches Bedürfniß allein entworfen wird, ist dem Wechsel unterthan.«

Mehrere Jahre blieb Kortüm, dem bald durch die Ober-Aufsicht über das gesammte Schulwesen eine nicht leicht zu tragende Bürde zufiel, als erster Director in unmittelbarem Verhältniß zu dem Gymnasium, bis er seinem Wunsche gemäß im Januar 1827 von der Theilnahme an der Direction entbunden, und diese dem bisherigen zweiten Director allein übergeben wurde. In diese Zeit fällt auch die Errichtung des 1824 begonnenen neuen Gymnasialgebäudes an der Alleestraße, welches 1830 vollendet wurde. Es war gewiß eine der namhaftesten Wohlthaten Kortüm's, daß er seine geliebte Anstalt aus den finstern Hallen des alten Franciscanerklosters auf der Citadelle in neue, heitere Räume verlegte. So waltete seine Sorge, sein Geist fortwährend über dem Gymnasium, von dessen fernerer Geschichte hier bloß in der Kürze bemerkt sei, daß es bis zum 23. August 1831 unter Dr. Brüggemann's kraftvoller Leitung stand, da dieser als Regierungs- und Schulrath beim Provinzial-Schul-Collegium nach Coblenz abging, von wo er 1839 als Geheimer Regierungsrath in das Ministerium des Cultus trat, bald hernach unter die Leitung des edlen Dr. Franz Wüllner aus der Gegend von Arnsberg kam, eines Zöglings der Universitäten Bonn und Berlin, durch tiefgehende Untersuchungen über Casus und Modi, über die Grundformen der Sprache, bekannt, der leider schon am 22. Juni 1842 starb. Nun folgte eine Zwischenzeit, und dann seit dem April 1844 die noch bestehende Leitung des Dr. Karl Kiesel aus Coblenz, welcher ebenfalls in Bonn und Berlin ausgebildet durch sein Lehrbuch der Weltgeschichte in drei Bänden (Freiburg 1855) sich bekannt gemacht hat. In den Einrichtungen, in dem gesammten Wesen der Anstalt lebt immer noch das Andenken ihrer ersten Blüthe fort, welche sie Kortüm verdankt.

Als Schulrath hatte Kortüm, außer dem Verhältniß zum Düsseldorfer Gymnasium und gelegentlichen Besuchen der übrigen Gymnasien und Progymnasien des Regierungsbezirkes, wie Cleve, Wesel, Duisburg, Essen, Elberfeld, über 800 Elementarschulen unter seiner Obhut. Nicht ohne große Mühseligkeiten und Beschwerden war diese Sorge. Aber es gelang ihm, durch seine Einsicht und Thätigkeit, und besonders durch seine Gerechtigkeit in confessioneller Beziehung, nach und nach sich allgemeines Vertrauen zu erwerben, und segensreich zu wirken. Diesem Erfolge ist es zuzuschreiben, daß zu Anfange des Jahres 1830, da der seit 1818 in Münster wirkende Dr. Kohlrausch als Ober-Schulrath nach Hannover abging, der Ober-Präsident von Westphalen Freiherr von Vincke wünschte, Kortüm als Regierungsrath in das dortige Provinzial-Schul-Collegium zu ziehen. Jedoch die gebotenen äußern Vortheile wogen für Kortüm nicht die Annehmlichkeit seiner Verhältnisse in Düsseldorf auf, wo er sich einer glücklichen Häuslichkeit erfreute, in angenehmen Kreisen lebte, und der allgemeinen Anerkennung seines edlen Wirkens sich freudig bewußt war. So schlug er denn, unter herzlicher Billigung des Regierungspräsidenten von Pestel, welcher eifrig wünschte, Kortüm seinem Collegium zu erhalten, zur aufrichtigen Freude Aller, die ihm nahe standen, den Ruf nach Münster aus. Doch war sein Abgang von Düsseldorf näher, als man glaubte. Der Minister von Altenstein berief am 28. October 1830 Kortüm als Hülfsarbeiter in das Ministerium des Cultus nach Berlin. „Die Geschicklichkeit und der Eifer,“ — heißt es in dessen Erlasse, — „welche Ew. Hochwürden in Ihren bisherigen Amts-Verhältnissen bewiesen, haben mich bewogen, Sie dazu auszuersehen, die Bearbeitung der auf die Organisation der höhern Bürgerschulen in den Königlichen Staaten sich beziehenden Angelegenheiten zu übernehmen, und ich zweifle nicht, daß diese Bestimmung und die Aussicht zu einer erhöheten Wirksamkeit für das ganze öffentliche Unterrichtswesen Ihnen willkommen sein werden.“ Ungern ließ man in Düsseldorf ihn ziehen, mit Wehmuth verließ er die Stätte seiner ersten schönen Wirksamkeit. Aber es war ein Ruf, den er nicht überhören durfte. So zog Kortüm im Spätherbste 1830 nach Berlin, wo ein neuer Kreis rühmlichen und genußreichen Wirkens ihm sich eröffnen sollte. Einem Dankesbeweise der ihm so überaus verpflichteten rheinischen Schulmänner seines Bezirkes wich er, in seiner Bescheidenheit, aus. Doch konnte er nicht verhindern, daß ihm die Lehrer in Elberfeld bei seiner letzten Anwesenheit dort ein Abendessen gaben und einen zierlichen silbernen Pokal verehrten. Einer derselben hielt dabei eine schöne Rede, worin auf Kortüm's Namen — Cor tuum — anspielend gesagt wurde, sein Herz habe ihrer aller Herzen gewonnen.

Zwanzig Jahre, die frischeste, erfolgreichste Zeit des Lebens, seine Jugend, hatte Kortüm in Düsseldorf verlebt. Ehe wir mit ihm die heitre Stadt der Gärten und der Kunst für immer verlassen, werfen wir auf seine dortigen Verhältnisse und Umgebungen einen letzten Blick. Vor allen begegnet uns hier eine der innigsten freundschaftlichen Verbindungen, welche Jahre hindurch sein tägliches Leben verschönerte. Im Jahre 1815 wurde Kortüm von dem jüngsten Stiefbruder des Philosophen F. H. Jacobi, dem in angenehmen Verhältnissen lebenden Johann Peter, gewöhnlich genannt Eduard Jacobi, ganz als Mitglied seines häuslichen Kreises aufgenommen, in dem er sich bald heimisch fühlte. Dieser war in zweiter Ehe vermählt mit einer Engländerin von deutschem Ursprung, Elisabeth Nonnen, geboren 1768 zu Liverpool; der einzige Sohn, Edmund Jacobi, geboren 1802 zu Düsseldorf, der jetzt als Gutsbesitzer auf Ederslund bei Uddewalla in Schweden lebt, wuchs im Hause fröhlich heran. Frau Betsy, wie man sie nannte, war eine jener seltenen Erscheinungen, welche durch ihr reines, tiefes Wesen Alle anziehen, die sich nahen. Zart und fein organisirt, vereinigte sie den englischen Gehalt und Ernst mit deutschem Gemüth. Ihre edel schlanke Gestalt, der wohllautende Klang ihrer fremdartigen Rede hatte etwas Ueberirdisches, durch ein kindlich frohes Wesen anmuthig gemildert. In ihrer letzten Krankheit, als sie ihr Ende nahe fühlte, äußerte sie u. a.: „Ich habe ein schönes, herrliches, frohes und glückliches Leben gelebt; — sagt es Allen, daß Ihr eine gekannt, die nicht mit der Welt unzufrieden war, wie Viele.« Als sie im fünfzigsten Jahre ihres Lebens am 25. Februar 1818 nach kurzer Krankheit den Ihrigen entrissen wurde, theilten die Freunde des Hauses sämmtlich den tiefen Schmerz. Kortüm, der an ihrem Sterbebette gestanden hatte, schrieb gerührt einem Freunde über ihren schönen Tod, welcher die herrlichste Bewährung ihres edlen Lebens war. Der Freund erwiederte: »Ich bin so freudig in meinem Schmerz, so erhoben im Gefühl unseres Verlustes, daß ich mich selbst nur begreife, wenn ich Deinen Brief wieder zur Hand nehme und die Entkörperung des Engels wieder lese, dessen Verklärung meine ganze Seele mit dieser Empfindung erfüllt. Du weißt, es ist mir immer schwer gewesen, sie wie ein Wesen meiner Art zu betrachten; mir ist sie immer wie ein Genius erschienen, den Liebe hier nur festhielt, der aber schon längst einer andern Welt angehörte. Ich habe mich nie ihr genaht, wenn ich mich nicht reines Herzens fühlte, und so ist sie mir immer ein Prüfstein meines Innern gewesen. Ich war froh, als ich sie das erste Mal essen und trinken sah; denn immer wurden mir die Worte unseres Herrn (Joh. 20, 17) lebendig: »Rühre mich nicht an; denn ich bin noch nicht aufgefahren zu meinem Vater und zu euerm Vater.« In Eduard Jacobi's Hause lebten auch zwei Bremerinnen, Philippine und Johanne Wilhelmi, welche mit Kortüm in langjähriger Freundschaft verbunden waren. In diesem Kreise las man die alten und neuen Dichter, und hielt sich mit den künstlerischen Erscheinungen des Tages in steter Berührung. Zu demselben gehörte bis 1818 auch der Regierungsrath Delbrück als Mittagsgast, der bisweilen Abends mit seiner eigenthümlich auffallenden Stimme und Declamation Sophokles, Goethe, Shakspeare und Calderon in Schlegel's Uebersetzungen vortrug. Noch gesteigert wurde diese geistige Regsamkeit, nachdem am 10. März 1819 zu München der Philosoph F. H. Jacobi gestorben war, als seine beiden Schwestern Charlotte und Helene, die Pflegerinnen seines Alters, in den bedeutendsten Kreisen Deutschlands unter dem Namen »Tante Lotte und Tante Lene« gekannt und geliebt, nach

Düsseldorf übersiedelten. Sie zogen zu ihrem Bruder Eduard in's Haus, und bereicherten dessen gemüthliche Kreise durch ihren lebendigen Geist, ihre rege Liebe, ihre reichen Erfahrungen. Als Eduard Jacobi im August 1830 siebzigjährig gestorben war, verlebten sie in Bonn ihre letzten Tage, geliebt und geehrt in den geistreichen Kreisen der Universitätstadt, wo zuerst Lotte am 12. April 1832 im 81., dann Lene am 10. Juli 1838 im 86. Jahre starb. Ihre jugendliche Lebhaftigkeit blieb sich gleich bis zum Ende.

Das Leben in diesem schönen Familienkreise war für die feine und empfängliche Natur Kortüm's, den die Unebenheiten des Lebens so leicht verletzten, eine wahre Wohlthat und entschädigte ihn für die von dem Schulleben unzertrennlichen Beschwerden durch friedliche Stunden geist- und gemüthvoller Unterhaltung. Im Jahre 1820 schied er von dem Hause und Tische, nicht aber von der Freundschaft Jacobi's. Sein Herz hatte gefunden, was es suchte. Am 21. September 1820 schloß er mit Emilie Weber aus Elberfeld ein Ehebündniß, welches, obgleich kinderlos, für beide Theile in seltenem Grade beglückend war und blieb. Damit ging sonderbarer Weise die zweite Hälfte einer Weissagung in Erfüllung, welche ihm einst als Fremdling auf der ersten Reise nach Düsseldorf bei der vorletzten Rast an der Tafel ein andrer Reisender aussprach, indem er erzählte, er stamme gleichfalls aus dem nördlichen Deutschland, habe in diesen Gegenden sein Glück und in Elberfeld seine Frau gefunden, beides werde auch ihm so widerfahren. In ruhiger Häuslichkeit lebte jetzt Kortüm mit seiner jungen Gattin, und führte sie bald in den Jacobischen Kreis ein, wo sie mit Innigkeit empfangen gleichsam ein Aelternhaus fand. So sehr befriedigte sie dieser Umgang, daß erst nach und nach die Bande erweiterter Geselligkeit sich anknüpften. Kleine Reisen während der Ferien, wie er sie auch früher unternahm, erfrischten von Zeit zu Zeit Muth und Gesundheit. Im August des folgenden Jahres (1821) brachte Kortüm seine Frau nach Mecklenburg zu den Aeltern und Jugendfreunden. Die Reise wurde über Halle, Dresden und Berlin gemacht, und das Wiedersehen der Orte, wo er einst gelebt und gelernt hatte, wo so viele seiner besten Erinnerungen heimisch waren, die Begegnung mit den geliebtesten Menschen in der Heimath erfüllte sein Herz mit Freude und Heiterkeit. Der Vater Kortüm's war noch rüstig und versah jeden Sonntag sein Predigtamt auf drei Dörfern. Mit Freude nahm er des Sohnes Mittheilungen aus weitern Lebenskreisen auf, als er selbst je gekannt. So auch die Nachricht von den Ehren, die fort und fort dem Sohne widerfuhren, „der unter allen Kindern ihm die mehrste Freude gemacht,“ wie es in seinem Testamente heißt. Als nach dreiwöchentlichem Aufenthalte in Kuhblank die Stunde des Abschieds von den lieben Aeltern schlug, weinte der Vater heiße Thränen. Die treue, edle Mutter, klarer erkennend, als er, und sinnig denkend, tröstete ihn: „wenn es Gottes Wille sei, so könnten sie den Sohn ja noch einmal wiedersehen.“ Schon im Mai 1823 verlor Kortüm die geliebte Mutter, den Vater fünf Jahre später. Wie tröstlich war ihm nun das Andenken an diese Reise in die Heimath, die er seit 1816 nicht mehr besucht hatte! — Der Rückweg führte über Strelitz, Brandenburg und Pentzlin zu Verwandten und Jugendfreunden, nach Hamburg und Bremen, wo der treue Freund und ehemalige College Dr. Strack und Münster, wo der edle Dr. Kohlrausch nicht minder herzlich begrüßt wurde. Von Düsseldorf aus wurden in der Folge wiederholte Ausflüge am Rheine bis Frankfurt und Heidelberg und 1829 nach Holstein unternommen, wohin verwandtschaftliche Verhältnisse wiederholt führten. Bei einer Geschäftsreise im Jahre 1823 machte Kortüm zu Bochum in Westphalen die Bekanntschaft eines weitläufigen Verwandten und Namensvetters, des alten heitern Arztes Dr. Karl Arnold Kortüm, geboren 1745 in Mülheim an der Ruhr, der sich durch sein humoristisches Gedicht die Jobsiade, 1784 zuerst erschienen, einen Namen gemacht hat. Er nahm Kortüm zuvorkommend auf, und erschien mit seiner Frau als ein Original. Man glaubte, bei Philemon und Baucis sich zu befinden, wenn man sein Haus betrat. Er versprach Kortüm Familiennachrichten und hielt sein Wort. Es kam bald darauf ein dickes Heft, von seiner Hand geschrieben, sammt Stammbaum der Kortüm, der bis auf Herzog Wittekind zurücklief. Ihre Burgen

Melsum, Rundum und Kortum lagen in Ostfriesland, waren aber leider von der See verschlungen. Aus Mabillon und Hübner wird gar ernsthaft der Beweis geführt, daß Joannes de Kortum und Joannes Oldenburgicus eine und dieselbe Person war und dieselben Burgen besaß, deren Trümmer, wie ihm mehrere Ostfriesen versichert hätten, noch zu sehen wären, die Landschaften aber lägen im Meer. Da seien die Kortume ausgewandert, und theils Geistliche, theils Aerzte geworden. Der gute Alte schließt seinen Bericht: „Ich sehne mich nun nach dem Lande des Friedens, werde es auch bald schauen.“ Er starb schon im nächsten Jahr, am 15. August 1824. Kortüm gedachte gern des gemüthlichen Greises. Ein andres nahes Verhältniß bestand seit Kortüm's Aufenthalt in Düsseldorf mit dem von Ammonschen Hause, in welches ihn seine beiden Universitätsfreunde von Hymmen (später Schwiegersöhne der Familie von Ammon) eingeführt hatten. Kortüm ward auch in dieser liebenswürdigen Familie auf das wohlwollendste aufgenommen, wie denn auch die würdige Frau von Ammon ihn bis zu ihrem Ende mit immer sich gleich bleibender mütterlicher Güte und Freundschaft beglückte.

Als der General Graf Dohna, dessen Frau Scharnhorst's einzige Tochter war, im Anfange der zwanziger Jahre nach Düsseldorf versetzt wurde, nahm Kortüm gewöhnlich an den Festen der Familie Theil, zu welchen auch Professor Welcker und Ernst Moritz Arndt aus Bonn herüber zu kommen pflegten. Einst da der Graf mit seiner Gemahlin auf längere Zeit nach Preußen reisete, zogen Kortüm's auf deren Wunsch in ihre in einem Garten schön gelegene Wohnung, und durchlebten mit den zurückgebliebenen liebenswürdigen Dohna'schen Kindern einen schönen Sommer. Abends besuchten Kortüm's öfter den Geheimrath Dr. Abel, Zeitgenossen und Freund F. H. Jacobi's, einen berühmten Arzt und großen Kunstfreund, der unter andern eine ausgezeichnete Kupferstichsammlung besaß, und sie gerne den Freunden zeigte.

Doch von größerem Gewinn war für Kortüm's kunstliebenden Sinn die Erneuerung der Akademie zu Düsseldorf, welche 1822 durch das Auftreten Peters von Cornelius, eines geborenen Düsseldorfers, der bereits in Rom durch seine Fresken Ruhm erworben hatte, als deren Director bezeichnet wurde. Unter der bayerischen Regierung war 1805 die berühmte Gallerie von Düsseldorf nach München entführt; die Akademie bestand unter der französisch-bergischen Verwaltung nur dem Namen nach, durch die Gehälter, welche den zwei übrig gebliebenen Professoren, dem Architekten und dem Kupferstecher, fortbezahlt wurden. Gemalt wurde so gut, wie nichts, bis Cornelius erschien. Mit diesem großen Meister, dessen jüngere Schwester die Gattin des damaligen Professors Brüggemann war, knüpfte Kortüm bald ein freundschaftliches Verhältniß an. Cornelius hatte vom Kronprinzen Ludwig von Bayern den Auftrag erhalten, die in München neu erbaute Glyptothek mit Fresken aus der alten Götter- und Heldensage zu schmücken. Die Cartons zu denselben entwarf Cornelius, von talentvollen Schülern unterstützt, in Düsseldorf. Mit Freude und Anregung folgte Kortüm der Entstehung dieser großartigen Werke. Während des Sommers begab sich Cornelius mit seinen Schülern dann jedes Jahr nach München, um deren Ausführung zu leiten, bis er 1824 vom Könige von Bayern zum Director der Akademie zu München ernannt, Düsseldorf völlig verließ, eine Trennung, die für beide Theile günstiger war, als es zuerst scheinen mochte; denn Cornelius konnte nur da wirken, wo ihm großartige Aufgaben wurden, zu denen in Düsseldorf keine Hoffnung war. Seine wiederholten halbjährigen Abwesenheiten, so wie die Kränklichkeit seiner Frau, einer Römerin, gestatteten überdies Cornelius keine sehr ausgebreitete Geselligkeit. Nach Cornelius trat 1826 der geistreiche Maler Wilhelm Schadow aus Berlin, der lange in Rom gelebt hatte, als Director an die Spitze der Akademie. Mit ihm erschien eine Schaar junger hoffnungsvoller Künstler, welche sämmtlich in der Folge Namen und Ruhm erlangten, und schon jetzt der höhern Geselligkeit den mannigfachsten Vortheil brachten. Die Namen Karl Friedrich Lessing, Karl Sohn, Julius Hübner, Eduard Bendemann (im Jahre 1859 an Schadow's Stelle zum Director der Akademie ernannt), Theodor Hildebrandt, Heinrich Mücke, treten hier gleich anfangs uns entgegen. Andere von nicht geringerer Bedeutung, wie Schirmer, schließen sich an, und so ist der Ruhm der Akademie zu Düsseldorf mit Schadow's und seiner ersten Schüler Namen für immer verbunden. Vieles ist über diese erste schöne Zeit der Düsseldorfer Malerschule von Berufenen und Unberufenen gesagt und geschrieben worden, und wie denn allem Menschenwerk Unvollkommenes anhängt, so hat es auch an Tadel und Spott nicht gefehlt. Aber dennoch steht fest, daß ein so vielseitiges Aufstreben höchst begabter Künstler unter einer so verständig fördernden Leitung, wie sie Schadow doch im Grunde bot, in allen Perioden der Kunstgeschichte unter die größten Seltenheiten gehört. Und auch der Boden, die Umgebung, man möchte sagen, die Luft erwies dem jugendlichen Aufblühen sich entschieden günstig. In Düsseldorf erwachte bald die alteinheimische Kunstliebe in allen Ständen, und kam den ersten Leistungen freudig bewundernd entgegen. Geistvolle Männer und Frauen betheiligten sich mit Lob und Tadel. Nicht lange, so umgab die junge Malerschule ein aus Lebenslust und Poesie zusammengewebeter Lebensäther, der zu stets höhern Schöpfungen begeisterte. Im Hause Schadow's fanden sich die befreundeten Jünger zusammen und ersannen heitere Spiele. Als im Jahre 1827 der damals dreißigjährige Karl Immermann nach Düsseldorf versetzt wurde (er war Landgerichtsrath), so gewann durch sein dichterisches Aufstreben Alles noch festere Formen. Er dichtete an seinem Andreas Hofer und Kaiser Friedrich II., während die Künstler ihre Bilder süßer Romantik, trauerndes Königspaar, Fischerknabe, Rinaldo und Armida, Romeo und Julie, schufen. Es waren Klänge ernster Art, Vaterland und Geistesfreiheit, was Immermann dagegen brachte. Seine etwas starre Natur suchte damals nach einem Felde, das ihr völlig gemäß wäre, das sich, wie es scheint, erst kurz vor seinem frühen Scheiden in dem ironischen Romane, Münchhausen, finden sollte, und erging sich indeß theilnehmend in den künstlerischen Bereichen. Ja, er griff als Vorleser und selbst als Darsteller dramatischer Scherze in den heitern Ton der Künstlerkreise gelegentlich mit ein, welcher bald in der höhern Gesellschaft, in den Häusern des Adels, und am Hofe des Prinzen Friedrich von Preußen, welcher seit 1821 in Düsseldorf residirte, Eingang fand. Malerei, Musik und Schauspielkunst vereinigten sich zu den erlesensten Genüssen, und so war ein kleines Abbild jener Dichterhöfe von Ferrara, Florenz und Weimar auf einmal in Düsseldorf gegeben, dem auch der Reiz schöner Weiblichkeit nicht abging. Es ist nicht unsere Aufgabe, alle diese Erscheinungen, welche längst der Geschichte angehören, in's Leben zurückzurufen. Immermann selbst hat es halb wehmüthig, halb ironisch gethan in einem Aufsatze, der sich bemüht, einen höhern Standpunkt über oder neben jenem Künstlertreiben zu gewinnen, ohne daß ihm dies vollständig gelungen wäre. Es sind die in der letzten Zeit seines Lebens (1840) in der deutschen Pandora erschienenen „Düsseldorfer Anfänge“, die freilich tiefer eingehend mit seinem Versuche, der dortigen Bühne aufzuhelfen, sich beschäftigen, der in eine etwas spätere Zeit (1833) fällt. Nun kamen auch Gäste von Bedeutung nach Düsseldorf, an der neuen Kunstsonne sich zu wärmen, so Wilhelm von Normann, Michael Beer, der Dichter des Paria, dann Felix Mendelssohn-Bartholdy, der in der Folge schöne Jahre als Musikdirector in Düsseldorf verlebte, während er seinen Paulus schuf, und bei dem niederrheinischen Musikfeste von 1836 aufführte. Die Musikfeste zu Pfingsten, welche abwechselnd in Cöln, Aachen und Düsseldorf Statt finden, trugen nicht wenig dazu bei, die künstlerische Stimmung zu erregen und fortzupflanzen, welche der eigentliche Lebensäther des Schönen ist. Gedenken wir z. B. des Jahres 1826, da Ludwig Spohr in Düsseldorf sein Oratorium „die letzten Dinge“, eine musicalische Darstellung der Offenbarung Johannis, einem begeisterten Hörerkreise vorführte, und Ferdinand Ries die Aufführung von Händel's Messias und andern großen Werken mit Ernst und Einsicht leitete, dann wieder 1830, wo Händel's Judas Maccabäus und Beethoven's C-moll-Symphonie allgemeines Entzücken hervorriefen, so tauchen damit eine Menge anziehender Erinnerungen auf, welche auch Kortüm in nächster Nähe berührten. War doch der Kern hoher, heiliger Tonkunst seinem tiefsten Gemüthsleben innig verwandt, und die heitere Gestaltenfülle bildender Kunst, Farbenschmelz und echte Schönheit das wahre Bedürfniß seiner Seele, der jedes Unharmonische, Formlose widerstand. So finden wir denn bald nach Schadow's Ankunft auch Kortüm mit ihm und dem Kreise der jungen Künstler, in dem auch Immermann gewöhnlich erschien, in beständigem Verkehr. In den befreundeten Häusern Schadow's und des damaligen Regierungsrathes von Sybel, dessen geistvolle Gattin jedes Schöne pflegte, so wie bei Kortüm, fand man sich in heiterster Geselligkeit zusammen. Kleine dramatische Scherze, lebende Bilder, zur schönen Jahreszeit Ausflüge in die Umgegend, z. B. in das Gestein, zur Neandershöhle, würzten den Verkehr. Dort trugen die Maler oft vierstimmige Gesänge auf's herrlichste vor, und die Töne verklangen reizend in Felsen und Gebüsch. Oder Immermann las mit Kraft und Geschick irgend ein Dichterwerk, auch wohl eigne neue Arbeiten der Gesellschaft vor, was denn gewöhnlich der Höhepunkt des Genusses war, oder erging sich mit unvergleichlichem Humor in unendlichen Scherzen und Heiterkeit. Auch fremde Talente, wie A. W. v. Schlegel und K. v. Holtei, erhöhten durch dramatische Vorlesungen den Genuß, und bei v. Sybel bewunderte man dann wieder die Tonfülle der großen Sängerin Anna Milder-Hauptmann und die herrlichen Töne der Violine Ludwig Spohr's. So reich, so mannichfaltig war dieses Düsseldorfer Kunstleben, daß es jetzt, nach so vielen Jahren, fast unglaublich erscheint, wie so schnell und mit so wenig äußern Mitteln so Bedeutendes geleistet wurde. Durch das Hinzutreten vorzüglicher Männer, wie des Dichters Friedrich von Uechtritz und des geistreichen Kunstkenners und Historikers Karl Schnaase, welcher 1829 als Ober-Procurator nach Düsseldorf kam, und dort sowohl die „niederländischen Briefe“, als die drei ersten Bände seiner classischen „Geschichte der bildenden Künste“ herausgab, wuchs das geistige Leben, dessen sich vor allen Kortüm erfreute, von Tag zu Tage. Zu dieser Theilnahme hatte Kortüm nicht bloß innern Antrieb, sondern auch amtlichen Beruf, indem er seit 1822 zum Mitgliede des Curatoriums der Akademie ernannt wurde, einer zwar unter dem Vorsitze des Regierungspräsidenten stehenden, aber von der Regierung unabhängigen Aufsichtsbehörde zwischen der Kunstschule und dem Ministerium des Cultus. Die Natur eines so kleinen Collegiums und die Eigenthümlichkeit der Aufgabe brachte es mit sich, daß die andern, meistens aus dem Regierungscollegium genommenen Mitglieder demjenigen, welcher das größte Interesse an der Kunst und die genaueste Kenntniß ihrer Bedürfnisse hatte, die Arbeit fast selbstständig überließen, und das war in diesem Falle Kortüm.

Auch noch in einer andern Beziehung war Kortüm für das Wohl der Düsseldorfer Künstlerschaft thätig. Es galt, den sich so rüstig regenden Kräften angemessene Beschäftigung zu sichern, das so lange der Kunst entwöhnte Publicum wieder mit ihr in Berührung zu bringen, und das Mittel dazu war ein Kunstverein. Ein Comité trat daher zusammen, an welchem eine große Zahl von angesehenen Männern Düsseldorf's und der nähern und entferntern Umgegend Theil nahmen, in welchem aber, wie es immer geht, nur eine kleine Zahl der Mitglieder leitend und bestimmend war, zu welcher, außer Schadow, Immermann, und dem schwer beweglichen und unbehülflichen, aber auf dem Gebiete künstlerischer Theorie und Geschichte wohlbewanderten Professor Mosler, auch Kortüm gehörte. Karl Joseph Mosler, geboren 1788 zu Coblenz, lernte schon 1804 auf der Akademie zu Düsseldorf Cornelius kennen, dann die Gebrüder Boisserée, lebte 1816 bis 1820 künstlerischen Studien in Italien, und kam mit Cornelius 1822 an die Kunstakademie zu Düsseldorf, wozu er den Plan im Auftrage des Ministers von Altenstein ausgearbeitet hatte. Er starb am 28. Februar 1860. Der Gedanke des Kunstvereins war aber nicht in diesem Kreise erfunden. In München war schon 1823, in Berlin unter der Führung Wilhelms von Humboldt 1825 ein solcher Verein begründet, aber die Düsseldorfer Kunstfreunde faßten ihn tiefer auf und gaben ihm eine Richtung, welche ihn wenigstens an nachhaltiger, günstiger Einwirkung auf die höhere Kunst vor allen andern ähnlichen Vereinen auszeichnete. Besonders waren es zwei Bestimmungen, durch welche sich dieser, mit dem 1. Januar 1829 in's Leben tretende „Kunstverein für die Rheinlande und Westphalen“ von ihnen unterschied. Die Gründer desselben waren sich der Gefahren wohl bewußt, welche bei einer beschränkten Auffassung der Aufgabe durch die Macht solcher Vereinigungen für die Kunst selbst entstehen konnten. Sie wußten, daß diese nur in der Atmosphäre geistiger Freiheit, nur im Verkehr mit den höchsten Ideen gedeihet, daß daher ein Verein, der nur bezweckt, der künstlerischen Production einen Markt zu eröffnen, auf welchem das Angebot sich nach dem vorwaltenden Geschmack der großen Menge richten muß, der wahren Kunst verderblich, sie nur herabziehen und von ihren geistigen Nahrungsquellen entfernen kann. Sie nahmen daher in ihrem Statut, neben der Anschaffung von kleineren, für den Privatbesitz geeigneten und zur Verlosung unter die Mitglieder bestimmten Kunstwerken, auch eine Wirksamkeit für höhere Kunst und das öffentliche Leben in Anspruch. Immermann sagt hierüber in seinen Erinnerungen: „Wir gründeten den Kunstverein. Kortüm, Fallenstein und ich machten das Statut. Der Gedanke darin, daß der Verein auch öffentliche Werke in das Leben rufen solle, der bei diesem Verein meines Wissens zum ersten Male laut geworden, kam aber von Mosler.“ Sehr fruchtbar und umfassend hat dieser Gedanke gewirkt. In den 1860 erschienenen Verhandlungen des Kunstvereins bis 1859 werden nicht weniger als siebzig Kunstwerke zu öffentlichen Zwecken aufgezählt, welche der Kunstverein in den dreißig Jahren seines Bestehens theils gestiftet, theils gefördert hat. So sind katholische und protestantische Kirchen mit Bildern, Rathhaussäle, wie in Elberfeld und Aachen, mit Fresken und Verzierungen geschmückt worden, und eine große Anzahl vorzüglicher Bilder fand ihren Weg in's Publicum. Die von dem Vereine Jahr für Jahr vertheilten Kupferstiche, unter denen sich werthvolle Arbeiten Felsing's, Keller's u. A. befinden, erhöhten überall den Sinn für edlere Gestalten. Die Geschichte der Kunst aber ward namhaft gefördert durch den von Joseph Keller mit unübertrefflicher Meisterschaft gearbeiteten Stich der Disputa Rafael's in der Stanza della segnatura des Vaticans, welcher von dem Kunstverein veranlaßt und als Vereinsblatt für die Jahre 1856 bis 1859 vertheilt wurde. Ueber das Verhältniß der zu öffentlichen Zwecken zu verwendenden Mittel wurde in das Statut des Kunstvereins keine Bestimmung aufgenommen. Erst durch den Gebrauch bildete sich die Regel, daß von der nach Abzug der Verwaltungskosten übrig bleibenden Jahreseinnahme ein Viertel solchen allgemein nützlichen Stiftungen zukommen könne. „Ein zweiter Unterschied des Düsseldorfer Vereins von andern (sagt Karl Schnaase) lag in der Zulassung der concurrirenden Künstler. Die andern Vereine hatten es auf die Unterstützung bestimmter Kunstschulen abgesehen, sich nach leider beliebter deutscher Weise auf das engere Vaterland beschränkt, und gerade in Düsseldorf, bei einer eben erst beginnenden Kunstanstalt, in einer Provinzialstadt, der so manche den großen Mittelpunkten der Staaten oder des Handels günstige Umstände fehlten, wäre dies vielleicht verzeihlicher gewesen. Dennoch stellte das Statut der Wahl des Vorstandes keine Gränzen und gestattete nicht bloß allen deutschen, sondern auch den ausländischen Künstlern, ihre Werke anzubieten.“ Am 28. October 1829 fand die erste General-Versammlung des Kunstvereins Statt, nachdem sieben Monate früher die Sammlung der Beiträge eröffnet war. Der Verwaltungsrath desselben bestand damals aus dem Regierungs-Präsidenten von Pestel, als Vorsitzenden, dem Geheimen Regierungsrathe Jacobi, dem Grafen von Spee, dem Director Schadow, dem Consistorialrath Dr. Kortüm, dem Regierungs-Secretär Fallenstein, als Secretär, dem Landgerichtsrath Immermann, Professor Mosler, Gymnasialdirector Dr. Brüggemann und Maler Büsen, Schatzmeister. In den folgenden Jahren entfaltete sich mehr und mehr die Thätigkeit des Vereins. Kortüm aber konnte das Gedeihen des von ihm eifrig gepflegten Werkes fortan bloß aus der Ferne beobachten, da er noch vor Abhaltung der zweiten Versammlung nach Berlin versetzt wurde, wo er jedoch viele Jahre hindurch Mitglied des Vereins blieb, und die edle Sache der Kunst fortwährend im Auge behielt.

Wer um diese Zeit Kortüm in Düsseldorf aufsuchte, durfte ihn wohl glücklich nennen. In seinem Amte von Vorgesetzten, Collegen und Untergebenen geachtet und geliebt, in geselligen Kreisen überall gern gesehen, und was die Hauptsache ist, in seiner Häuslichkeit durchaus zufrieden, im Besitze eines nicht großen, doch angenehm gelegenen und eingerichteten Hauses an der schönen baumgeschmückten Alleestraße mit der Aussicht in's Freie, auf den reizenden Hofgarten, entbehrte er nicht des Zaubers geistanregender Berührung mit Künstlern und Gelehrten. Bald sandte das nahe Bonn eine oder die andre seiner Berühmtheiten, wie Niebuhr, der damals gerade die neue Ausgabe der Römischen Geschichte und die Ausgabe der Byzantiner besorgte, oder A. W. von Schlegel, der sich im Sanskrit erging, und der geist- und gemüthreiche Kenner der Griechen Friedrich Gottlieb Welcker, der Kortüm aufrichtig zugethan war, weil Gleiches sich anzieht, — bald traten Gäste aus der Ferne in den Künstlerkreis, dessen Ruf schon weiter und weiter drang. Und wie behaglich lebte sich in dieser »kleinen Welt«, mit dem Dichter zu reden, die so ganz und gar in frischen Hoffnungen blühte! — Es gehörte freilich ein Entschluß dazu, dies alles aufzugeben, um in der fernen Residenz ein neues Leben zu begründen, und mit andern Verhältnissen sich erst zu befreunden, deren Wohl und Wehe noch in der Zukunft lag. Kortüm faßte diesen Entschluß, führte ihn durch, als Mann, und er trug ihm schöne Früchte.

III.

Berlin.

1830 — 1859.

Im tiefen Winter machte Kortüm mit seiner Gattin, schmerzlich losgerissen aus langjähriger lieber Gewohnheit, die Reise von Düsseldorf nach Berlin. Damals flog man noch nicht in wenigen Stunden auf Eisenschienen vom Rheine bis zur Spree. Der Weg war lang und beschwerlich, die Ankunft und erste Einrichtung in der Hauptstadt im December 1830 nicht ohne Mühen. Neue geschäftliche und gesellige Verhältnisse traten den Ankommenden entgegen, die nicht immer leicht sich gestalteten. Doch die Zeit half nach, und bald bot Kortüm's erweiterte Wirksamkeit, so wie das reiche Leben der Hauptstadt, die so manche Kunstschätze, so viele ausgezeichnete Menschen aufzuweisen hatte, schönen Ersatz für das Verlorene. Mit den besten Männern, wie mit Nicolovius, den Kortüm schon von dem Kreise der Geheimräthin Schlosser her kannte, mit Johannes Schulze, Schleiermacher und Steffens, mit dem Präsidenten Sethe, mit Beuth, Rauch, dem Bildhauer Tieck, mit Felix Mendelssohn-Bartholdy, bildete sich geselliger Umgang und Verhältniß. Theater und musikalische Genüsse kamen hinzu, und bald fühlte Kortüm's nach Schönheit verlangendes Gemüth in Berlin Befriedigung. Auch brachten die nächsten Jahre Geschäfts- und Erholungsreisen, die zu weiterer Ausbildung fleißig benutzt wurden. So wurde 1832 Schlesien besucht, 1833 Holstein und Kopenhagen, 1834 Westphalen, Rheinland und Belgien, wo denn das Wiedersehen der Düsseldorfer Freunde sowohl, als die

Bekanntschaft mit den unvergleichlichen Kunstschätzen des Nachbarlandes reichen Genuß gewährte. Im Jahr 1837 besuchte Kortüm München, Tyrol und Ober-Italien, mit großer Freude und Theilnahme, 1839 abermals die Rheinlande und Belgien, 1842 Dresden, Holstein, Dänemark und Schweden, und 1846 endlich wurde ihm sein heißer Wunsch erfüllt, ganz Italien zu sehen. Ein längerer Aufenthalt in Mailand, Florenz, Rom, Neapel und von dort ein Ausflug nach Palermo trugen ihm Schätze des Wissens und unvergeßliche Anschauungen ein. Leider wurde ihm diese Freude gerade in dem ewig einzigen Rom durch Unwohlsein getrübt. Doch war und blieb der Haupteindruck des Landes größter Erinnerungen, dem Natur und Kunst ihren doppelten Zauber leihen, für Kortüm ein durchaus reiner und beglückender, auch deshalb, weil er dieses Land noch vor den Erschütterungen der nächst folgenden Jahre sah. Es war von jetzt an ihm der Gipfel aller seiner Erinnerungen. Auch in den folgenden Jahren unternahm er bei günstiger Gelegenheit Ausflüge an den Rhein und nach Westphalen, wo seine Gedanken stets so gerne weilten. Aber mit Italien hatte das höchste Ziel sich ihm ein für allemal vor Augen gestellt.

Ehe wir jedoch zu solchen Erinnerungen uns hinwenden, ist vorher Kortüm's amtliche Wirksamkeit in Berlin zu schildern. Unter vier Ministerien, welche während der zwei und zwanzig Jahre seiner Thätigkeit von 1830—52 sich folgten, während der größten innern und äußern Bewegungen, veranlaßt sowohl durch die Nachwirkungen der französischen Juli-Revolution in Deutschland, als durch die Thronbesteigung König Friedrich Wilhelm's IV. in Preußen, behielt Kortüm stets das eine Ziel im Auge, das er frühzeitig als das einzig richtige erkannt hatte, und widmete der Durchführung des Guten und Rechten seine edlen Kräfte. Er stand in diesem Bestreben glücklicher Weise nicht allein. Tüchtige Männer, meist seine nähern Freunde, betrachteten die Aufgabe, die ihm gestellt war, an höchster Stelle die Sache des Volksunterrichts und der gelehrten Schulen evangelischen Bekenntnisses zu leiten, mit denselben Augen, wie Kortüm. Möge denn einer jener um die Wissenschaft und das

Schulwesen in unserm Vaterlande hochverdienten Männer, der mit ihm in vertrautem Freundschaftsbunde seit vielen Jahren lebte, hier das Wort ergreifen! —

„Durch den Abgang des Geheimen Ober-Regierungs-Raths Dr. Beckedorff war in der Unterrichts-Abtheilung des Ministeriums der geistlichen Angelegenheiten die Stelle des Raths für das gesammte Volksschulwesen und für die höhern Bürger- und Realschulen erledigt worden. Die unzweideutige Anerkennung, welche die amtliche Wirksamkeit des Regierungs-Schulraths Dr. C. W. Kortüm zu Düsseldorf in seinem mit ganz eigenthümlichen Schwierigkeiten verbundenen Verwaltungskreise von allen Seiten gefunden und das günstige Urtheil von Männern, welche mit seinen löblichen Eigenschaften und seiner Persönlichkeit seit Jahren vertraut waren, bestimmten den in der Wahl seiner Räthe ungemein vorsichtigen Staatsminister Freiherrn von Stein zum Altenstein nach langem Bedenken und Zögern, den auch von dem Ober-Präsidenten von Vincke bestens empfohlenen Kortüm gegen Ende des Jahres 1830 in sein Ministerium zu berufen.

Damals war noch nicht die Ansicht zur Geltung gekommen, daß auch in der obersten Staatsbehörde die evangelischen Schul-Angelegenheiten nur von einem evangelischen, und die katholischen nur von einem katholischen Rathe mit Erfolg bearbeitet werden können.

Der Geschäftskreis unsers Kortüm im Ministerium umfaßte daher Anfangs das gesammte Volksschulwesen und die höheren Bürger- und Realschulen aller Provinzen des Preußischen Staates. Für Kortüm erwuchs hieraus eine nicht gering anzuschlagende Masse von Arbeiten, welche nur sein reger Eifer, sein treuer Fleiß, sein geübter Blick, seine reiche in früheren Verhältnissen gesammelte Erfahrung glücklich bewältigen konnte.

Von den höheren Bürger- und Realschulen, welche zunächst Kortüm's besondere Fürsorge in Anspruch nahmen, war eine nicht unbeträchtliche Zahl erst unter dem Ministerium Altenstein in's Leben gerufen. Sie verdankten ihre Entstehung den verschiedenen nach und nach hervorgetretenen Bedürfnissen der einzelnen Städte. Bei ihrer Einrichtung mußten die Anträge und Wünsche der städtischen Behörden um so mehr Berücksichtigung finden, je weniger zur Bestreitung der erheblichen Kosten für ihre Gründung und Unterhaltung auf irgend eine Beihülfe aus allgemeinen Staatsmitteln gerechnet werden konnte. Die vorwaltenden Umstände geboten daher, und es entsprach den liberalen Verwaltungs-Grundsätzen des Staatsministers von Altenstein, diese Art von Schulen einer freien Entwickelung zu überlassen und Anfangs selbst die Wahl der Lehrgegenstände in denselben von der Verschiedenheit der provinziellen und örtlichen Verhältnisse und von den zur Zeit vorhandenen Lehrkräften abhängig zu machen.

Nach Verlauf von mehreren Jahren, während welcher der Wunsch, eine höhere Bürger- und Realschule zu besitzen, in den Städten fast aller Provinzen immer lauter geworden war, schien es nöthig, dieser Art von Schulen die erforderliche Zahl tüchtiger Lehrer zu sichern. Das Edict wegen einzuführender Prüfung der Schulamts-Candidaten vom 12. Juli 1810 hatte die höheren Bürger- und Realschulen unberücksichtigt gelassen, weil sie damals, etwa mit Ausnahme der Realschule in Berlin, noch nicht vorhanden waren. Zur Beseitigung des Mangels an den in dieser Beziehung nöthigen Bestimmungen ward durch das Reglement für die Prüfungen der Candidaten des höhern Schulamts vom 20. April 1831 angeordnet, daß vor das Forum der wissenschaftlichen Prüfungs-Commissionen auch die künftigen Lehrer an solchen öffentlichen höheren Bürger- und Realschulen gehören sollten, welche über den Lehrkreis gewöhnlicher städtischer Schulen hinausgehen und eine vollständige wissenschaftliche Vorbildung ihrer Schüler bezwecken, diese aber überwiegend durch den Unterricht in der Mathematik und den Naturwissenschaften, durch historische und geographische Kenntnisse und durch ein genaueres Studium der vaterländischen und der französischen Sprache und ihrer Litteratur zu erreichen suchen, ohne den Unterricht in der lateinischen Sprache auszuschließen.

Fast gleichzeitig ward von allen Seiten anerkannt, daß die inzwischen gemachten Fortschritte der höheren Bürger- und Realschulen nunmehr erheischten, für ihren Lehrplan die allgemeinen Grundlagen zu bezeichnen und die Gesichtspunkte zu bestimmen, nach welchen sie auf ihrem weiteren Entwickelungsgange zu regeln und zu gestalten seien.

Dieser Ansicht gemäß ward für die an den höheren Bürger- und Realschulen anzuordnenden Entlassungs-Prüfungen auf Grund der vorher eingezogenen Gutachten der Provinzial-Behörden die Instruction vom 8. März 1832 erlassen. Sie ist als eine vorläufige bezeichnet, weil die Art von Schulen, um deren Zukunft es sich dabei handelte, damals noch zu sehr im Werden begriffen waren, als daß es schon rathsam erscheinen konnte, über ihren Lehrplan und über das ihnen zu stellende Ziel abschließende Bestimmungen zu treffen. Die Instruction ist von Kortüm entworfen und empfahl sich, wie alle seine Arbeiten, durch Zweckmäßigkeit, Klarheit, Kürze und Einfachheit ihrer Bestimmungen, so wie durch Vermeidung zu specieller, die freie Bewegung beeinträchtigender Vorschriften.

Man hat gegen die Instruction die Bedenken erhoben, daß die meisten Schüler wegen der von ihnen zu wählenden Laufbahn die höheren Bürger- und Realschulen verlassen mußten, ehe sie die oberste Classe derselben nur erreichen können, und daß somit bei dem Ziele, welches die Instruction für die Schüler nach einem zweijährigen Besuch der obersten Classe in Aussicht nimmt, weniger diejenigen, welche in dem Alter vom vollendeten 14. bis 16. Lebensjahre zu den verschiedenen bürgerlichen Gewerben und Berufsarten übergehen, als vielmehr die bei weitem kleinere Zahl derer beachtet worden, welche den Eintritt in den einjährigen freiwilligen Militairdienst, in das Post-, Forst- und Baufach und in die Bureaux der Provinzialbehörden bezwecken.

Auf diese und ähnliche Bedenken ist zu erwiedern, daß die Instruction, um die bisher ausschließlich an den Besuch der oberen Classen der Gymnasien geknüpften Berechtigungen auch den höheren Bürger- und Realschulen zuzuwenden, sich auch den Bedingungen, von deren Erfüllung die betreffenden Ministerien die Bewilligung jener Berechtigungen abhängig machten, fügen mußte. Ferner darf man bei Beurtheilung dieser Instruction nicht übersehen, daß, um der Zerfahrenheit, worin die höheren Bürger- und Realschulen wegen ihres noch ungeregelten Zustandes und ihrer verschiedenartigen Richtungen zu verfallen Gefahr liefen, vorzubeugen, die Nothwendigkeit vorlag, ihnen irgend ein bestimmtes, wenn auch mehr ideelles, als den Bedürfnissen der Mehrzahl ihrer Schüler entsprechendes Ziel zu setzen, und abzuwarten, ob sie bei dessen Verfolgung sich durch ihre Leistungen in dem Vertrauen des Publicums, wovon ihre Existenz abhängig blieb, befestigen und welche wesentliche Abänderungen ihres Lehrplans sich bei ihrer weiteren Entwickelung als räthlich herausstellen würden.

Die vorläufige Instruction vom 8. März 1832 und die in Verfolg derselben von Kortüm angegebenen späteren Verfügungen waren den damaligen Zuständen und Bedürfnissen angemessen und haben auf die Gestaltung der höheren Bürger- und Realschulen im Preußischen Staate einen wohlthätigen Einfluß ausgeübt. Und in der Geschichte dieser Schulen ist dem Mann ein ehrenvolles Andenken gesichert, welcher für ihr Gedeihen 22 Jahre hindurch in der obersten Staatsbehörde mit Umsicht und Treue in anspruchsloser Bescheidenheit gesorgt und gewirkt, und in ihren Lehrern und Schülern für das ihnen gesteckte Ziel einen würdigen Eifer zu wecken und lebendig zu erhalten mit Erfolg gestrebt hat.

In Betreff des Volksschulwesens in den Städten und auf dem platten Lande, sowie der Vorbereitung der Elementarschullehrer in den Seminarien blieb die Verwaltung des Staatsministers von Altenstein im Wesentlichen den Ansichten und Grundsätzen getreu, welche auf diesem Gebiete seit einem Jahrhundert und länger maaßgebend und für die sittlich religiöse Entwickelung des Volks heilsam gewesen waren.

So bereitwillig der Minister von Altenstein die Absicht, auch in den unteren Schichten des Volks die Bildung möglichst zu fördern, anerkannte und die Bestrebungen, die Volksschule durch eine angemessenere methodische Behandlung ihrer Lehrgegenstände zu verbessern und zu heben, ehrte und unterstützte, eben so klar war er sich der Schranken bewußt, welche dieser Bildung theils durch den gegebenen Zustand der unteren Volksclassen, theils durch die Rücksicht auf ihre eigentliche nächste Bestimmung gezogen werden müssen und eben so nahe lag ihm die Besorgniß, daß ein übereiltes, jene Schranken nicht gehörig beachtendes Verfahren auf diesem Gebiete entweder zu einem unnützen und schädlichen Halbwissen, oder zu einer hohlen, nicht weniger verderblichen Ueberbildung führen könne.

Dringend und immer auf's Neue bei jeder schicklichen Gelegenheit verpflichtete das Ministerium Altenstein die Provinzialbehörden, sich bei ihrer ressortmäßigen Einwirkung auf das Volks- und Lehrerbildungswesen unverrückt zur Richtschnur dienen zu lassen, daß es nicht auf Viel- und Mancherlei, sondern auf gründliches Wissen ankomme, daß das Nothwendige und Unentbehrliche zunächst und recht gelehrt werden müsse, daß aber die Grundlage aller Bildung in der Erziehung zur Frömmigkeit, Gottesfurcht und christlichen Demuth bestehe und daß eine solche Gesinnung vor allen Dingen in den Volksschullehrern erweckt und gegründet und ihnen dadurch Liebe, Ausdauer und Freudigkeit in ihrem schwierigen und mühseligen Berufe mitgetheilt werden müsse. Diese Gesichtspunkte wurden als die einzig richtigen aufgestellt, nach welchen überall und in allen Fällen und unbeschadet der Rücksichten, welche auf die besonderen Verhältnisse und den Bildungsgrad der einzelnen Provinzen und Landestheile zu nehmen sein möchten, verfahren werden könne und solle.

Unser Kortüm war von der Richtigkeit und Angemessenheit dieser Gesichtspunkte innig überzeugt. Ihnen entsprechend hatte er die Angelegenheiten des evangelischen und katholischen Volksschulwesens im Bezirke der Regierung zu Düsseldorf bearbeitet und insbesondere die Nothwendigkeit erkannt und gewürdigt, die Volksschulen zu ihrem eigenen Gedeihen in Einheit und im wirksamen Zusammenhang mit ihrer Kirche zu erhalten und die confessionellen Verhältnisse ihrer Lehrer und Schüler überall schonend zu ehren. Für Kortüm war somit bei seinem Eintritt in das Ministerium keine Veranlassung, die Gesichtspunkte, welchen er bisher in Bezug auf die Behandlung des Volksschulwesens gefolgt war, nach denen des

Ministers zu modeln. Vielmehr war er in der günstigen Lage, sich mit denselben im vollen Einklange zu wissen und folgerecht fortführen zu können, was sein Vorgänger, der Geheime Ober-Regierungs-Rath Dr. Beckedorff, unter ausdrücklicher Zustimmung des Ministers im würdigsten Sinne begonnen und vorbereitet hatte.

Und diese Aufgabe mit Opferwilligkeit und in geräuschloser Stille ihrer Lösung nahe und näher zu führen, war für Kortüm um so mehr eine Angelegenheit des Herzens, je weniger ihm entging, daß alle Bestrebungen auf dem weiten Gebiete des Volksschulwesens, um für dasselbe wahrhaft gedeihlich und fruchtbringend zu werden, frommer Liebe entkeimen und in derselben fort und fort wurzeln müssen.

Nach der Bestimmung des Ministers von Altenstein, welchen die bereits im Jahre 1818 gewonnene Ueberzeugung von dem traurigen Zustande des Volksschulwesens in den größeren Städten und namentlich in Berlin auf's schmerzlichste bewegt hatte, ward Kortüm's besondere Thätigkeit auf die Ausführung des schon früher entworfenen Plans zur Gründung eines Seminars in Berlin für Lehrer an den städtischen Elementarschulen, und überhaupt auf die Erweiterung und Verbesserung der Volksschulen in den Städten, auf die Vermehrung der Klein-Kinder-Warteschulen, auf ordnungsmäßige Verwaltung der Waisenhäuser, auf die Ausbildung der Anstalten für verwahrlos'te Kinder, für Taubstumme und Blinde gerichtet. Weder in den Städten, noch auf dem platten Lande begünstigte er die Errichtung von Simultan-Schulen, weil in denselben das Hauptelement der Erziehung, die Religion, nach der bisherigen Erfahrung nicht gehörig gepflegt worden und gepflegt werden kann.

Die ausgedehnten Befugnisse, welche die Instruction vom 23. October 1817 den Provinzial-Regierungen und den Consistorien in Betreff der Aufsicht und Verwaltung des gesammten Volksschulwesens verliehen hatte, beachtete und schonte Kortüm gewissenhaft, und wußte in Fällen, wo eine Verschiedenheit der Auffassung zwischen dem Ministerium und den Regierungen oder zwischen den geistlichen und weltlichen Behörden obwaltete, oft schwierige Collisionen und bedenkliche Conflicte in versöhnlicher Weise zu schlichten und auszugleichen.

Die evangelischen wie die katholischen Schulen und ihre Lehrer behandelte Kortüm mit gleicher Liebe und Theilnahme; die Regierungs-Schulräthe beider Confessionen schenkten ihm ihr Vertrauen und von keiner Seite ward jemals eine auch nur leise Klage darüber vernommen, daß er die Volksschulen und insbesondere den Religions-Unterricht in denselben in einseitiger Partei-Richtung aufgefaßt und gepflegt habe.

Als der Nachfolger des Ministers von Altenstein im Jahre 1842 die Bearbeitung der Angelegenheiten des Volksschulwesens anderen Händen anvertraute, konnte Kortüm, im Bewußtsein auf diesem Felde in Liebe und Demuth gewirkt zu haben, sich der gläubigen Hoffnung hingeben, daß den Saamen, welchen er in zwölf Jahren ausgestreut, der Herr der Erndte segnen werde.

Die evangelischen Gymnasien aller Provinzen des Preußischen Staates, deren Angelegenheiten Kortüm seit dem Herbste 1842 bis zur Mitte des Jahres 1852 bearbeitete, erhielten an ihm einen eben so einsichtigen, als besonnenen Vertreter. Aus seinen früheren Verhältnissen als Lehrer des Pädagogiums in Halle, als Director des Gymnasiums und als Regierungs-Schulrath in Düsseldorf war er mit dem Gymnasialwesen in allen Beziehungen vertraut, und vorsichtig und bescheiden, wie es sein Character mit sich brachte, vermied er, ohne dringenden Grund zu organischen Umgestaltungen der Gymnasien zu schreiten und sich zu einem Reformator derselben aufzuwerfen.

Als in dem dunklen Wirrdrang der Jahre 1848 und 1849 besonders von Seiten derer, welche der Erlernung der beiden alten Sprachen und der dadurch zu bewirkenden classischen Bildung weniger hold waren, der Wunsch laut wurde, eine nähere Verbindung zwischen den Gymnasien und höheren Bürger- und Realschulen anzubahnen, neigte Kortüm zwar Anfangs zu der Ansicht, daß es durch die äußeren Verhältnisse empfohlen und geboten sei, die drei unteren Classen beider Arten von Anstalten zu verschmelzen und für dieselben einen und denselben Lehrplan anzuordnen. Aber die Verhandlungen der zur Berathung über die Reorganisation des höheren Schulwesens aus freier Wahl der Lehrer hervorgegangenen Commission, welche Kortüm als Vorsitzender während ihrer Dauer vom 16. April bis zum 14. Mai 1849 leitete, und noch wirksamer die Conferenzen, welche über das zu erlassende Unterrichts-Gesetz im Schooße des Ministeriums statt fanden, führten ihn zu der früher genährten Ueberzeugung zurück, daß das Princip der Gymnasien wie das der höheren Bürger- und Realschulen für selbstständig berechtigt zu halten und für jedes daher eine freie und ungestörte Entwickelung, welche durch die Verschmelzung beider Organismen nur beeinträchtigt werden könne, in Anspruch zu nehmen sei. In diesem Sinne hat Kortüm den bestehenden Organismus der Gymnasien mit sorgfältiger Schonung gepflegt und die im Laufe von Jahrhunderten bewährte Einrichtung derselben allen Bestrebungen einer neuerungssüchtigen Zeit gegenüber aufrecht erhalten.

Bei der Revision der einzelnen Gymnasien, zu welcher, als einer außerordentlichen Maaßregel, er sich nicht leicht und nicht ohne eine dringende äußere Veranlassung entschloß, entgingen seinem ruhig forschenden Kennerblick eben so wenig die an den Tag tretenden löblichen Seiten und Vorzüge, als die schwieriger zu ermittelnden tadelnswerthen Zustände und Richtungen der betreffenden Anstalten. Seine Revisions-Berichte gewährten dem kundigen Leser ein treues Bild von dem Ergebnisse seiner auf den Unterricht und die Disciplin, auf die Leistungen der Directoren und Lehrer der einzelnen Anstalten gerichteten Untersuchung, und trugen zugleich das Gepräge seiner Sinnesart, welche geneigter war, die guten Eigenschaften Anderer anzuerkennen, als ihre Fehler und Mängel hervorzuheben. Nichtsdestoweniger war er bemüht, durch ernste und vertrauliche Rücksprache mit Directoren und Lehrern sogleich an Ort und Stelle auf das von ihm Vermißte, und das von ihm bemerkte Unzweckmäßige aufmerksam zu machen, Mißbräuchen und Uebelständen, wo sie sich fanden, mit Entschiedenheit entgegenzutreten, und Verbesserungen, wo sie im Einzelnen nöthig waren, in angemessener Weise einzuleiten.

Wohl wissend, daß das Gedeihen der Gymnasien durch Directoren und Lehrer von sittlich religiöser Haltung, von wissenschaftlicher Tüchtigkeit und selbstloser Hingebung für ihren Beruf am sichersten befördert wird, betrachtete er die zweckmäßige Wiederbesetzung erledigter Stellen als die erste, wichtigste und schwierigste Aufgabe aller derer, welchen die amtliche Sorge für diese Anstalten obliegt. Die hierauf gerichteten Vorschläge und Anträge der Provinzial-Schul-Collegien und städtischen Behörden prüfte er mit fast ängstlicher Gewissenhaftigkeit, vertraute gern ihrer genaueren Kenntniß von den betreffenden Personen und von den jedesmaligen Zuständen und Bedürfnissen der einzelnen Anstalten und pflegte wohl einer herzlichen Freude Ausdruck zu leihen, wenn es gelungen war, für eine erledigte Stelle den rechten Mann auszumitteln.

Mit den Provinzial-Schulräthen ein näheres Verhältniß anzuknüpfen und immer mehr zu befestigen, war seine ernste Sorge und vorsichtig vermied er Schritte, welche als Eingriffe in ihren Wirkungskreis hätten erscheinen und ihre Freudigkeit an demselben trüben können.

Den Directoren und Lehrern der Gymnasien war er ein wohlwollend freundlicher Vorgesetzter, der sie überall gerecht und billig beurtheilte, väterlich für sie sorgte, und jede günstige Gelegenheit, sie in ihrem mühseligen Berufe durch Wort und That aufzumuntern, bereitwillig ergriff. Nicht ohne Wehmuth sahen sie daher das amtliche Verhältniß aufgelöſ't, in welchem er zehn Jahre hindurch auf ihre Bestrebungen einen immer wohlthuenden Einfluß ausgeübt und sie durch den Ernst seines sichern klaren Waltens und durch die Würde seiner Persönlichkeit mit Hochachtung erfüllt hatte.

Seinem frommen Gemüthe und seinem für das Schöne empfänglichen Sinne konnte die Kunst nicht fremd bleiben. Der Geschichte und dem Wirken der Dichtkunst, Malerei und Plastik widmete er ein eingehendes, auch das Technische derselben beachtendes Studium und seine Kunsturtheile zeugten von lebendiger Auffassung, richtigem Verständnisse und feiner Bildung. Seine Liebe zur Kunst und der Wunsch, auf dem Gebiete der Malerei und Plastik den Kreis seiner Anschauungen zu erweitern und zu vervollständigen, bestimmten ihn, noch im späten Lebensalter eine Reise nach Italien zu unternehmen, deren Ergebnisse auch für seine amtliche Thätigkeit in mannigfaltigen Beziehungen fruchtbar geworden sind. Gehörten auch die auf die Kunst und ihre Förderung bezüglichen Angelegenheiten nicht zu seinem eigentlichen Geschäftskreise: so ward er doch schon von dem Minister von Altenstein und später von dessen Nachfolgern nicht selten auch zu ihrer Bearbeitung ausnahmsweise herangezogen und ihm dadurch eine willkommene Veranlassung geboten, seine Kenntnisse und seinen Eifer auch auf dem Gebiete der Kunst zu bethätigen.

Fast zehn Jahre war es unserm Kortüm vergönnt, in dem Minister von Altenstein einen Chef zu verehren, welcher ihn wegen seiner classischen Bildung, seiner vielseitigen und dabei gründlichen Kenntnisse, seines maaßvollen Urtheils, seiner reinen edlen Persönlichkeit achtete und liebte und ihn seines vollen Vertrauens würdigte. Um mit rechter Freudigkeit in seinem Berufe zu arbeiten, bedurfte Kortüm eines Chefs, mit welchem er sich auch innerlich verbunden fühlte und wenn sich sein persönliches Verhältniß zu den Nachfolgern Altenstein's weniger günstig gestaltete, so schützte ihn doch seine strenge Gewissenhaftigkeit vor einem Ermatten in der pflichtmäßigen Verwaltung seines Amtes. Jedes eitle, jedes ehrgeizige Streben war ihm gänzlich fremd. Aber er hatte ein fein ausgebildetes, leicht verletzbares Gefühl für die Ehre seiner amtlichen Stellung und als er diese, ohne sich einer Schuld oder auch nur eines Versehens und Mißgriffes bewußt zu sein, zum zweiten Male gefährdet glaubte, war sein Entschluß, sich in den Ruhestand zurückzuziehen, zur schmerzlichen Ueberraschung seines würdigen Chefs, unwiderruflich gefaßt.

Die größere Muße, welche er in Folge dieses Entschlusses gewann, verwandte er zum Theil auf ernste philologische und historische Privatstudien; die einzige bis jetzt veröffentlichte Frucht derselben ist seine mit erläuternden Anmerkungen versehene Uebersetzung der Beschreibung der Hagia Sophia und des Ambon von Paulus Silentiarius. (Berlin, Ernst und Korn, 1854. Gr. 4to.)

In der Oberexaminations-Commission für den Geschäftskreis der Regierungen, in welcher ihm seit dem Sommer des Jahres 1846 die Prüfung der Referendarien hinsichtlich ihrer allgemein wissenschaftlichen Bildung oblag, setzte er seine verdienstliche Wirksamkeit fort, bis er gegen Ende des Jahres 1858 an der Abnahme seiner Kräfte fühlte, daß auch hier für ihn die Feierstunde geschlagen habe. Die Aufgaben, welche er Behufs der schriftlichen Prüfung zu stellen hatte, wußte er stets so zu wählen, daß sie den Examinanden Gelegenheit gaben, sowohl den Umfang und die Gründlichkeit ihrer Kenntnisse, als auch ihr Combinations-Vermögen, die Reife ihres Urtheils über historische Personen und politische Zustände, und überhaupt die bereits errungene Stufe ihrer geistigen Entwickelung darzulegen. Bei der Würdigung der schriftlichen Ausarbeitungen brachte er einen feinen Maaßstab in Anwendung; bei der mündlichen Prüfung ließ er die ihm natürliche Humanität, welche in den Examinanden Muth und Zuversicht weckte, vorwalten und in seinem endlichen Urtheile über dieselben ward weder Gerechtigkeit noch Milde vermißt.

In der Luisenstiftung zu Berlin, welche seit dem Jahre 1851 der Mitpflege Kortüm's befohlen war, widmete er seine erste Fürsorge dem Religions-Unterrichte und seiner Bemühung gelang es, demselben für die Bildung der dortigen weiblichen Jugend die höhere Weihe zu sichern. Er liebte die Stiftung von ganzer Seele und in dem Streben für ihr Gedeihen und ihre Blüthe schloß er sein irdisches Tagewerk.

An seinem Grabe zeugte einer seiner ältesten Freunde also von ihm:

„— — — — — — Sein Leben
Liegt faltenlos und leuchtend ausgebreitet;
Kein dunkler Flecken blieb darin zurück.“

Ueber Kortüm's auch in Berlin fortgesetzte Wirksamkeit für die Kunst gibt vorstehender Aufsatz insofern Andeutungen, als er sagt, daß derselbe als Stellvertreter des eigentlichen Decernenten, oder durch das besondere Vertrauen des Ministers, wiederholt mit wichtigen Verhandlungen und Ausarbeitungen in der Leitung des Kunstwesens beschäftigt war, was fortdauerte, bis D. Franz Kugler dafür berufen wurde. Zu diesen besondern Aufträgen des Ministers an Kortüm gehörten wohl auch Unterhandlungen über Musikinteressen mit Felix Mendelssohn, dem Director des Orgelinstitutes Bach und Andern, und Ausarbeitungen über höchst belangreiche Gegenstände, z. B. ein Bericht an König Friedrich Wilhelm III. über das Unpassende der für das Denkmal Friedrich's II. in Vorschlag gebrachten Säulenform. Im Uebrigen verdanken wir einem geistreichen Freunde folgende Nachrichten, die wir mit dessen eignen Worten geben. „Kortüm wirkte auch in dem zu Berlin bestehenden Vereine „der Kunstfreunde im Preußischen Staate," dessen Gründer indeß von andern Ansichten ausgegangen waren, als die des Düsseldorfer Kunstvereins. Während diese in jeder Beziehung der Kunst nur Freiheit und Beschäftigung gewähren zu müssen glaubten, während sie also die Künstler aller Länder zuließen und den an die Spitze des Vereins gestellten Ausschuß aus Vertretern der verschiedenen an dem Vereine besonders thätigen Antheil nehmenden Städte und Provinzen bildeten, ohne zu fordern, daß sie ausübende Künstler seien, hatte man es in Berlin mehr, etwa im Sinne der Weimarischen Kunstfreunde, auf eine kundige Leitung und Förderung der Kunst, und zwar nur im Preußischen Staate, abgesehen. Preisbewerbungen besonders von solchen Preußischen Künstlern, die sich in Italien ausbilden wollten, wurden als eine Hauptaufgabe angesehen, und die Herausgabe sämmtlicher vom Vereine erworbenen Kunstwerke in Umrissen, gleichsam als Gradmesser der erwarteten geistigen Förderung der Kunst angeordnet. Auf öffentliche Bestimmung der Werke wurde keine ausdrückliche Rücksicht genommen, vielmehr die Verloosung sämmtlicher erworbenen Kunstwerke angeordnet. Besonders abweichend war die Bildung des Vorstandes. Der Vorsitzende, sein Stellvertreter, der Secretär und Schatzmeister konnten zwar Nichtkünstler sein, aber sie hatten auch nur bei rein materiellen Fragen, etwa bei der Bestimmung der überhaupt zu verwendenden Geldmittel, eine Stimme, während alle Entscheidungen über künstlerische Fragen, also auch der Ankauf und die Bestellung der Kunstwerke, einem aus sieben Künstlern bestehenden Ausschusse überlassen blieben. Ja selbst in diesem Ausschusse konnten, wenn es auf specifisch technische Rücksichten bei einem Kunstwerke anzukommen schien, die Künstler der verschiedenen Gattungen auseinander gehen, so daß nur die engern Fachgenossen urtheilten. Trotz dieser unzweckmäßigen, uns nach etwa einem Menschenalter fast unglaublichen Bestimmungen, nahm der Verein, an dessen Spitze freilich Männer, wie Wilhelm von Humboldt, Beuth, Schinkel, Rauch, Tieck, Wach, Begas u. a. standen, einen gewaltigen Aufschwung. Indessen regten sich doch andre Wünsche, und der Vorstand selbst ging bald nach Humboldt's Tode (1835) schon einigermaßen von seinem frühern Programme ab, indem er im Jahre 1838 durch eine kühne, aber von der General-Versammlung fast einstimmig genehmigte Auslegung des Statuts zu einem öffentlichen Kunstwerke, der berühmten Amazone von Kiß, einen bedeutenden Beitrag gewährte. Gleichzeitig resignirte aber der bisherige Vorstand, indem er noch seine, demnächst auch von der Versammlung erwählten Nachfolger vorschlug, unter denen sich denn auch, und zwar als Stellvertreter des zum Vorsitzenden ernannten nachherigen General-Directors der Museen, von Olfers, unser Kortüm befand. Gleich im folgenden Jahre wurde der neu erwählte Vorstand mit der Revision des Statuts beauftragt, welche darauf durch eine Commission erfolgte, zu welcher nebst drei andern Mitgliedern des Vorstandes auch Kortüm gehörte, und einen Entwurf angab, der später auch unbedingte Bestätigung erhielt. Freilich war dabei die Beibehaltung der Grundprincipien des ältern Statuts zur Bedingung gemacht, und dies war wohl der Grund, daß die Beschränkung der Mittel des Vereins auf Preußische Künstler unverändert blieb, wie sie denn in der That bis jetzt noch besteht. Dagegen wurde sonst in den wesentlichsten Punkten das

Statut, und zwar in der Richtung des Düsseldorfer Vereines, geändert; der Künstlerausschuß fiel fort und der Vorstand wurde zu allen Ankäufen und Bestellungen berechtigt, ohne daß die Zahl der darin enthaltenen Künstler vorgeschrieben war; auf Preisbewerbungen wurde verzichtet und eine Mitwirkung zu öffentlichen Kunstzwecken bis auf ein Zehntheil der Jahreseinnahme angeordnet. Bei dieser Richtnng des neuen Statuts ist es wahrscheinlich, daß Kortüm daran den persönlichsten Antheil genommen, wie er denn auch bei der fernern Verwaltung, wo er oft, namentlich auch in den Generalversammlungen, zur Vertretung des Vorsitzenden berufen war, eifrigst mitwirkte. Erhebliche Früchte trug jene Bestimmung für öffentliche Zwecke indessen in der nächsten Zeit noch nicht. Schon damals hatte ein großer Theil der Mitglieder den Wunsch einer durch den Verein auszuführenden permanenten Ausstellung, und dies war die Ursache, daß das statutenmäßig ausgeworfene Zehntheil der Jahreseinnahme theilweise zur Beschaffung von Localien für diesen Zweck verwendet wurde. Außerdem gab der Verein Beiträge zu dem nachher durch äußere Hindernisse lange verzögerten Denkmal Winckelmann's zu Stendal (das endlich 1859 fertig dastand) und mit günstigerem und schnellerem Erfolge zu Frescobildern in der Klosterkirche zu Berlin. Kortüm's Wirksamkeit im Vorstande währte indessen nur kurze Zeit, indem er nebst dem größten Theile der damaligen Vorstandsmitglieder, wohl in Folge von Angriffen, die jedoch nicht gerade gegen ihn gerichtet waren, in der General-Versammlung vom 13. Mai 1846 die Wiedererwählung ablehnte und so aus der Verwaltung zurücktrat.«

In diesen verschiedenartigen Beziehungen, die das Berliner Leben für Kortüm herbeiführte, begegnet uns überall dieselbe Art und Weise, die wir schon an dem Jünglinge und an dem strebenden Manne in der ersten Düsseldorfer Zeit wahrnahmen. Stets das Höchste und Beste im Auge, hält er doch treulich fest an dem Gegebenen und Erreichbaren, und gelangt so in ruhig besonnenem Schritte zum Ziele. Gewissenhaft und menschenfreundlich im Tiefsten ehrt er jedes Verdienst, jeden berechtigten Anspruch auf Anerkennung, und beachtet vor allen dasjenige, was allein Geltung haben sollte, wenn in der Lenkung der höhern Angelegenheiten der Wissenschaft und Erziehung, wie der Kunst, stets und von Allen das Rechte gethan würde. Keine Spur von Selbstsucht, von unlautern Triebfedern irgend einer Art in Allem, was er thut und anordnet, kein unbescheidenes Geltendmachen der eignen Ansicht, kein eitles Prunken mit den großen Vorzügen des Geistes und der Stellung, die er doch anerkannt besaß: nur Gerechtigkeit und Pflichttreue ist in Allem, was von ihm ausgeht, und dazu die vorsichtigste Maßhaltung, jene Scheu vor Uebermaß und Zuviel, welche schon den Alten für den Kern der Weisheit galt. So war Kortüm vor allem ein gerechter, aber er war auch ein gütiger, liebevoller Vorgesetzter und Lenker, und ein Muster der Treue und Beständigkeit in der Freundschaft. In seiner Seele lebte jene Liebe, die von Gott kommt und zu Gott führt. Nicht in Worten, sondern in Thaten gab sein frommes Herz sich kund. Treu und fest hing er an der Lehre Christi, unbeirrt durch Zweifel und Widerspruch. Kein Wind der Lehre erschütterte den tiefen Grund seines Glaubens, und weil dieses so war, eben darum ehrte und achtete er auch den Glauben anderer Ueberzeugung, und trat selbst dem Zweifler mit Sanftmuth entgegen. Vertraut mit den großen Gedanken, welche die Geschichte der Menschheit dem Forscher darbietet, war er durch verworrene Zeiten und Aussichten nicht leicht aus der Fassung zu bringen. Sein Blick, immer auf das Ganze gerichtet, fand schnell den Punkt der Hoffnung wieder, und lenkte dorthin auch Entschlüsse und Thaten. „Es gibt nur eine wahre Freude auf Erden (heißt es in seinen Aufzeichnungen), nämlich die, seine Pflicht gethan zu haben.“ Dieser Gedanke ward die Richtschnur seines Lebens und geleitete ihn zum Hafen der Ruhe. In Bezug auf die Schule, die ihm immerfort am Herzen lag, hat er seine Ansicht auch hierüber auf das Klarste ausgesprochen. „Aller Streit,“ sagt er dort, „ist ausgeglichen, wenn die ächte Aufgabe der Schule erfaßt und von ihr selbst erkannt wird, und die Erkenntniß derselben in allen ihren Bestrebungen und Leistungen hervortritt. Diese ist keine andre, als die Jugend in den Besitz dessen zu setzen, was sie befähigt, das Wahre und Ewige zu erkennen, das Schöne zu empfinden und das Gute zu wollen, wissend, daß wie in solchem Gefühl und in solcher Gesinnung der eigentliche Kern des Lebens ruht, Alles, was Menschen beginnen, unternehmen und ausführen, nur in dem Maße, als diese sich bestimmt darin offenbaren, Bedeutung und Werth hat.«

Daß ein Mann von so ausgezeichnetem Character und Streben das Bedürfniß empfand, mit den anregenden geselligen Kreisen der Hauptstadt in steter Beziehung zu bleiben, ist eben so leicht zu begreifen, als daß jene Kreise seiner Theilnahme sich vorzüglich erfreuten. Um auch diese Seite nicht ganz außer Acht zu lassen, gedenken wir der gemüthlichen kleinen Gesellschaften am Sonntag und Donnerstag Abend im Hause des Staatsrathes Nicolovius. Schleiermacher's, die von Humboldt'schen Töchter und Schwiegersöhne, Rauch, von Roeder, Steffens, Henriette Herz und manche Fremden von Auszeichnung fanden dabei sich ein. Es herrschte damals in Berlin die für die wahre Geselligkeit so förderliche Sitte, daß viele Familien sogenannte feste Abende hatten, wo sie für ihre Freunde zu Hause waren, so daß man jeden Abend einen ausgewählten Kreis aufsuchen konnte. So war es bei dem königlichen Leibarzte Hufeland, bei von Stägemann, von Olfers, Beuth, Mendelssohn und andern, welche Kortüm mit seiner Frau gern und fleißig besuchten. Unter den fremden Gästen, die niemals fehlten, war einst Thorwaldsen's großartige, und doch so kindlich einfache Erscheinung bei Steffens, und ein anderes Mal Ole Bull, der wunderbare Geiger. Auch der Dichter Ludwig Tieck verschönerte manche dieser Abende durch seinen weltbekannten Vortrag Shakspeare'scher Dramen. Im Mendelssohnschen und Henselschen Hause hörte man die vollendetsten Musikaufführungen. Die jeden Winter wiederkehrenden musikalischen Leistungen, welche Sonntag Morgens nach der Kirche bei dem Professor Hensel Statt fanden, geleitet von dessen Frau Fanny, Schwester Mendelssohn's, waren eine Zierde und ein Vorzug von Berlin. Mit Nicolovius, Steffens, Präsident Göschel, Gräfin Dernaht kam Kortüm zwei Winter hindurch wöchentlich zusammen, um gemeinschaftlich Dante zu lesen, über welchen dann Göschel erklärende Vorträge hielt, vorzugsweise die religiöse Seite hervorhebend. Denselben Dichter las Kortüm einen andern Winter mit dem Geheimrath Dr. Brüggemann, welcher 1839 nach Berlin gekommen war, und Kortüm von Düsseldorf her befreundet, mit demselben Jahre hindurch in einem Hause wohnte. Es gehört jedenfalls zu Berlin's besten Eigenthümlichkeiten, daß es oft Männer, die sich in andern Lebenskreisen schon kennen und schätzen lernten, wieder zusammenführt. Hier ist vor allen Dr. Johannes Schulze, einst Kortüm's Studiengenosse in Halle, in Berlin als treuer Freund und College zu erwähnen; seine langjährige Freundschaft, welche sich in gemeinsamem Wirken im Amte bewährt hatte, überdauerte Kortüm's Leben. Auch wurde im Jahre 1848 Dr. Karl Schnaase von Düsseldorf an das Ober-Tribunal nach Berlin berufen, und somit auch dieser geschätzte Freund Kortüm auf's neue verbunden. Im Jahre 1834 schloß Kortüm sich einer Gesellschaft von gelehrten Männern an, welche Freitag Abends zusammenkamen, um griechische Schriftsteller mit einander zu lesen, und deshalb ihre gesellige Vereinigung „die Graeca“ nannten. Schleiermacher, der ihr angehört hatte, war eben gestorben; Immanuel Bekker, Meineke, Hoßbach, Spilleke, Klenze, Lachmann, Homeyer, Trendelenburg, Parthey waren Mitglieder, später traten Pinder, Ranke, Brüggemann, Haupt und Mommsen hinzu. Der Verkehr mit diesen ausgezeichneten Männern nicht minder, als die Beschäftigung mit seinem alten Lieblingsstudium, den Griechen, war Kortüm's größte Freude, und es ward als ein schmerzliches Opfer angesehen, als im letzten Winter sein Befinden ihn mehrere Male zwang, demselben zu entsagen. So erfüllte sich denn auch an Kortüm in Berlin das heitere Wort des Dichters:

„Saure Tage, frohe Feste,
Tages Arbeit, Abends Gäste,
Sei dein mächtig Zauberwort!“

In diesen Versammlungen walteten die Geister der besten Gesellschaft, für welche gerade ihm ein so ausgebildeter Sinn beiwohnte.

Das wohlgesagte Wort, die unmittelbarste Geistesregung, der attische Scherz übten dort ihr volles Recht. Aber freilich auch in diese geistbewegten Bereiche griff der Arm des Todes, und so lichtete sich mit den Jahren der Kreis, oder ward ein andrer. Der Tod Schleiermacher's war ein Ereigniß, welches von ganz Berlin wie ein allgemeiner Verlust empfunden und betrauert wurde, und auch Kortüm und die Seinigen nicht unberührt ließ. Andre Freunde folgten: Nicolovius, Steffens, dann aus der Graeca Spilleke, Hoßbach, Lachmann. Klenze wurde in der Blüthe der Jahre durch die Cholera weggerafft. Auch Beuth, mit welchem ein immer näheres Verhältniß sich gebildet hatte, starb rasch. Das Leben wurde stiller und einsamer. Doch knüpfte sich auch wiederum manches theure Freundschaftsband. So mit den Gebrüdern Grimm und ihrer Familie, mit welchen ein herzlicher Verkehr Statt fand, und innige Beziehungen sich bildeten, die auch nach Kortüm's und des trefflichen Wilhelm Grimm's Heimgange treulich und tröstlich fortdauerten.

Kortüm gehörte auch in Rücksicht der edlen, wohlgebauten Körperformen, der regelmäßigen, geistvollen Gesichtszüge zu den begünstigten Sterblichen. Eine wohltönende Stimme, ein Auge, sprechend in Ernst und bezaubernd in Freundlichkeit, kamen hinzu. Aber wie die meisten Menschen von Geist, war er etwas zu fein organisirt für diese Werktagswelt, hatte reizbare Nerven und erkältete sich leicht. Mit den Jahren stieg diese Empfänglichkeit für die äußern Eindrücke der Luft und Witterung, namentlich bei angestrengter geistiger Thätigkeit, welche um so mehr auf ihn wirken mußte, als er von seltener Gewissenhaftigkeit, Pflichttreue und Gerechtigkeit geleitet und von warmer Menschenliebe beseelt, immer ganz und gar bei der Sache war. An einem solchen Geiste, einem solchen Gemüthsleben konnte auch das Sturmjahr 1848 nicht spurlos vorübergehen. Nachdem Kortüm 1852 aus dem Ministerium zurückgetreten war, blieb er, wie oben gesagt ist, noch Mitglied der Examinations-Commission für die Candidaten der Verwaltung. Diese Beschäftigung war ihm eine um so angenehmere Aufgabe, da sie ihn mit seinen früheren Studien, namentlich der Geschichte und den derselben verwandten

Wissenschaften in lebendiger Verbindung erhielt. Es liegt die ganze Reihe der Aufgaben vor, welche er hierbei den Regierungs-Referendarien gestellt, und mehrere Dispositionen, in welchen er sich sein Verfahren im mündlichen Examen vorgezeichnet hat. Der Umfang dieses werthvollen Nachlasses ist so bedeutend, daß es unmöglich scheint, ihn hier mitzutheilen; jedoch wenn je der Geist des Examinators aus den Fragen, die er gestellt, deutlich hervortrat, so ist es hier der Fall. Diese Sammlung, ja wir dürfen sagen, dies System von Fragen bezeichnet in der That zunächst die Stufe, auf welcher Kortüm annahm, daß die allgemeine wissenschaftliche Bildung von jungen Männern stehen müsse, deren Aufgabe es ist, thätig in die Verwaltung des Staates einzugreifen. Dann aber gewährt sie vor allen eine Anschauung von dem hohen Standpunkte, von welchem aus seine klare praktische Philosophie das umfassende Material überschaute und handhabte, welches er auf dem Gebiete der Wissenschaft und der Kunst beherrschte. Er sucht die allgemeine Bildung des Staatsbeamten in der Richtung, wohin diesen seine Laufbahn führt, in der Richtung des Staates selbst, in seiner politischen, kirchlichen, cultur- und handelsgeschichtlichen Entwickelung. In diesem Kreise bewegen sich die Fragen, fern von aller Pedanterei der Schule, scharf und genau gefaßt, wie es Kortüm's Weise war, mit einer Leichtigkeit und Sicherheit, an welcher jedes unbefangene Auge sich freuen muß. Scheint es auch mitunter, als spanne er die Saiten straff, so erkennt man doch eben so bestimmt seinen freundlichen Character wieder in der Art und Weise, wie er seine Forderung mit der Eigenthümlichkeit des Candidaten in Einklang zu bringen sucht. Die Thatsachen voraussetzend, welche die Schule lehrt und über welche sie prüft, erwartet er in der Lösung der gestellten Aufgaben jene Bedeutung entwickelt zu finden, welche sie für nähere oder fernere Kreise hatten. Er lenkt die Aufmerksamkeit des Candidaten auf die analogen Beziehungen, in welchen durch Zeit und Raum weit getrennte Ereignisse bei ihrer Vergleichung mit einander stehen, auf die innige Wechselwirkung zwischen der geographischen Grundlage der Staaten selbst und ihrer geschichtlichen Entwickelung. Er greift Ereignisse auf, welche große Staaten-Complexe gleichzeitig betreffen; dort kleinere Gruppen seines Preußischen Vaterlandes, dem er sich mit ganzer Seele gewidmet hatte; kirchliche Fragen, die bald den Staat als Ganzes berühren, bald für die einzelnen Provinzen von Bedeutung waren, oder werden konnten. Und wie vermittelnden Gliedern begegnen wir wieder Sätzen von allgemein ethischer und philosophischer Bedeutung, die den Einzelnen sowohl an und für sich, als in seiner Beziehung zum Staate angehen. Die an Zahl weit geringeren, aber sehr ausführlichen Dispositionen für mündliche Prüfungen ergänzen auf's bündigste unser Urtheil über die obigen Aufgaben. Ueberall Klarheit und sichere Folge der Gedanken. Es ist in der That zu beklagen, daß ein solcher Schatz des Wissens, ein solcher Reichthum der Combination nicht in weitern Kreisen zur Geltung kam, daß Kortüm die mehrmals begonnene Ausführung des Entschlusses, eine umfassende historische Arbeit in dem bezeichneten Sinne zu schreiben, immer wieder aufgab. Der Maßstab, den er an sich selber legte, war zu streng, ja er war ungerecht; aber er war auch hierin ein Muster bescheidener Zurückhaltung, während die von seinem reichen Geiste ausgehenden Ideen in Andern wirkten und fortzeugten. Nicht zum Schriftsteller, sondern zum Lehrer fühlte er sich geboren und er war in seiner Bescheidenheit sich bewußt, daß die edle Persönlichkeit, daß das bedeutende Wort mehr vermöge, als die Fülle der Schriften. Man gedenkt unwillkürlich dabei jenes Alten, der die gepriesene Kunst der Buchstaben geringer schätzte gegenüber dem lebendigen Wort und der Erinnerung. Und auch die ernste Erwägung, daß „der Buchstabe tödtet, der Geist aber lebendig macht,“ mochte Kortüm vorschweben, so daß er vorzog, in die Seelen zu schreiben, anstatt in Büchern sich weitläufig zu ergehen. Was aber von Kortüm geschrieben wurde, das trug überall ein ernstes, gedankenreiches Gepräge, dem schöne Formen dienten. Wie seine Reden Haltung und Kern mehr beachteten, als Blüthen und Schmuck der Worte, so ist auch der Stil seiner Schriften gediegen, ernst, ideenreich gedrängt, ja knapp, jedoch ohne alle Dunkelheit oder Schwerfälligkeit. Man erkennt hier, wie sehr die Schule der Alten ihn gefördert hatte, während die Ideen der Neuern ihm keineswegs fremd geblieben waren. Seine Zeit hatte er mit offenen Augen durchlebt, ohne jemals sich dem Strome hinzugeben. Als er im Jahre 1853 von der Stadt Berlin zum Abgeordneten in die erste Kammer gewählt wurde, lehnte er dies ab, weil er in seiner Bescheidenheit sich nicht für parlamentarische Wirksamkeit berufen glaubte. Seine Ansicht, „daß Geschichte sich nicht machen lasse," ist dabei wohl nicht unerwogen geblieben.

Nach dem Tode des Geheimraths Karsten widmete Kortüm sich mit rührender Liebe der Leitung der Luisenstiftung, deren Mitvorstand er bereits seit mehreren Jahren gewesen war. Ihre Blüthe, ihr Gedeihen war das Ziel seines rastlosen Strebens, und jedes ihrer Glieder trug er auf dem Herzen. Hier wird es nie vergessen werden, wie Kortüm nicht bloß durch Wort und That, sondern durch sein ganzes Leben und Sein, durch „die sittliche Atmosphäre, die ihn umströmte," wie es in der dort unmittelbar nach seinem Scheiden am 22. Juni v. J. vom Prediger Müllensiefen gehaltenen Gedächtnißrede treffend heißt, auf den Geist und die Richtung der Zöglinge wirkte. Am 10. März 1860, dem Stiftungstage der Anstalt, widmete derselbe Geistliche dem Andenken Kortüm's schöne, wahre Worte, der persönlichen Liebe, der Verehrung entsprungen, durch welche alle Angehörigen der Stiftung ihm sich verbunden fühlen. Selbst als seine Kräfte bereits sichtbar sanken, vermochten Schwäche und schlechte Witterung ihn nicht von der weiten Wanderung dahin zurückzuhalten. Aber seit dem Anfange des Jahres 1858 zeigte sich leider bei Kortüm mehr und mehr Abnahme der Kräfte und Hinfälligkeit des Körpers; mit Wehmuth und nur auf die dringende Bitte seiner Frau und das Geheiß des Arztes, schied er zu Ende 1858 aus der Examinations-Commission und von den ihm werth gewordenen Collegen. Wie er Jedem mit Wohlwollen entgegenkam, so war es ihm auch wahres Herzensbedürfniß, Vertrauen und Liebe einzuärnten; sie waren sein bester Besitz auf Erden. Sein Gemüth war durchdrungen von christlicher Demuth und Duldung, und konnte nur da scharf werden, wo ihm Selbstliebe und Eitelkeit entgegentrat. In solchen Fällen kam ihm eine feine Ironie zu Hülfe, so wie er entschiedene Angriffe mit Mannesmuth abzuwehren verstand. Doch überwog den Unmuth bald wieder die edle Selbstverläugnung des geprüften Herzens, und Liebe und Demuth behielten die Oberhand. „Er war, wie die oben erwähnte Gedächtnißrede vortrefflich sagt, eine edle, männliche, und doch innig zarte Natur; ein Character, wie die Zeit sie immer seltener zu erzeugen scheint; von dem Geiste der Wissenschaft durchdrungen und gleichzeitig von dem Odem eines höhern Lebens angehaucht; so klar in seinem Geiste, so demüthig und liebend in seinem Herzen, bot seine ganze Erscheinung den Eindruck eines harmonischen Ganzen, in welchem Menschliches und Göttliches sich innig verbunden, und der innere Zwiespalt der menschlichen Natur zum vollen Frieden sich aufgelöset hatte.“

Im Sommer des Jahres 1858 war Kortüm, den man im Anfange desselben noch an allen Erscheinungen, wie an den schönen Festen beim Einzuge S. K. Hoheit des Prinzen Friedrich Wilhelm mit seiner jugendlichen Gemahlin, in gewohnter Weise theilnehmen gesehen hatte, vielfach leidend. In der Mitte des Januars 1859 fingen die gesunkenen Kräfte wieder an, sich zu heben. Den Seinigen wurde die Freude, ihn noch einmal, fast wie zur alten Zeit, geistig und körperlich frisch und empfänglich zu sehen. Doch verließ ihn die Ahnung des nahen Endes nicht, und da er in der österlichen Zeit durch Unwohlsein verhindert war, nach seiner Gewohnheit an dem heiligen Abendmahle Theil zu nehmen, so drängte es ihn sehr, diese heilige Handlung nachzuholen. Es geschah denn auch mit großer Andacht von seiner Seite und in dem Vorgefühl, daß es seine letzte Communion in der Gemeinde sein würde, den 18. Mai, am Buß- und Bettage. Viele seiner Aeußerungen gaben seitdem Zeugniß, daß seine Gedanken mit seinem Ende beschäftigt, daß sie auf den geheimnißvollen Ausgang des menschlichen Lebens gerichtet waren. Der Hinblick auf den nahenden Tod hatte für ihn nichts Erschütterndes. Um Todte sollte man nicht trauern, weil sie zum Leben eingegangen sind; das war sein fröhlicher Glaube. Wenn ihm Leidtragende in Wittwenkleidung begegneten, dann pflegte er die theure

Gattin zu bitten, in dieser Weise möge sie ihm nimmer nachtrauern. Die heißen Tage im Anfange des Juni schadeten Kortüm sehr; an eine Reise auf's Land, die man zur Erholung vorgeschlagen hatte, dachte er nicht gern, und schob sie immer wieder hinaus. Zu Pfingsten, den 12. Juni, sprach er noch davon, die Kirche zu besuchen, ließ sich jedoch durch Hinweisung auf seinen angegriffenen Zustand zurückhalten. Ein eigentliches Kranksein trat nicht ein, doch wurde er täglich schwächer und stiller. Selbst in diesem Zustande, welcher nur wenige Tage dauerte, verläugnete sich nicht seine Pflichttreue. Seine letzte irdische Sorge gehörte der Luisenstiftung. In diesen Tagen sprach er zu der liebevoll pflegenden Gattin mit feierlichem Ernst: „meine Tage sind vorüber!“ — Bald hernach schwand sein Bewußtsein. Sechs und dreißig Stunden später, den 20. Juni, rief der Herr, dessen Reich zu fördern, ihm die theuerste Lebensaufgabe gewesen war, seine fromme Seele von hinnen. Groß war der Schmerz der Freunde, der dankbar verbundenen Seelen in der Nähe und Ferne. Sie alle empfanden den schweren Verlust, den sie erlitten, und suchten den einzigen Trost in der Verheißung, daß die Todten selig sind, die in dem Herrn sterben: „denn ihre Werke folgen ihnen nach.“ Dieser Glaube, diese Ueberzeugung hatte ihn durch das Leben geleitet. In diesem Gedanken allein fand in ihrem unaussprechlichen Schmerze auch jene Seele, die am meisten verloren hatte, seine hochgeliebte, treue Gattin, Trost. Auf das Kreuz, das seinen theuern Grabhügel schmückt, ließ sie die heiligen Worte setzen: „Selig sind, die reines Herzens sind: denn sie werden Gott schauen.“

MIX
Papier | Fördert
gute Waldnutzung
FSC® C083411

Kolibri 360 GmbH
Ferdinand-Jühlke-Straße 7
99095 Erfurt, Deutschland
produktsicherheit@kolibri360.de